源頼朝はなぜ運命を逆転できたのか

令和日本に必要な武士《もののふ》の精神

Ryuho Okawa
大川隆法

まえがき

伊豆配流《はいる》二十年を経て、旗揚《はたあ》げし、全盛期の平家を壇《だん》ノ浦《うら》に滅《めっ》し、鎌倉幕府を設立した源頼朝に、今、学ぶべき時だと思う。

腐敗《ふはい》しきったこの世の「常識論」を一掃《いっそう》するためには、武士《もののふ》の精神が復活するしかない。

新しい武士道にのっとって、令和《れいわ》日本を見渡してみると、やるべきことは、はっきりしている。

太平《たいへい》の眠りについているマスコミを一喝《いっかつ》し、平和ボケしている国民に起床ラッパを鳴らし、さもしい乞食《こじき》根性をたたき直すことである。

自助《じじょ》の精神を失って、転落していくこの国を、このまま安楽死《あんらくし》させるつもりか。

幸福実現党が政権を取るべきである。

その覚悟《かくご》と気概《きがい》を失ったら、この国は終わる。

二〇一九年　八月二日

幸福《こうふく》の科学《かがく》グループ創始者兼総裁《そうししゃけんそうさい》

幸福実現党創立者兼総裁《こうふくじつげんとうそうりつしゃけんそうさい》　大川隆法《おおかわりゅうほう》

源頼朝はなぜ運命を逆転できたのか　目次

源頼朝《みなもとのよりとも》はなぜ運命を逆転できたのか

――令和日本に必要な「武士《もののふ》の精神」――

二〇一九年七月二十四日　収録
幸福の科学　特別説法堂《せっぽうどう》にて

4 日本に武士道《ぶしどう》精神を立てよ 49

7

武士道、明治維新、そして今　100

8

9

「霊言現象《れいげん》」とは、あの世の霊存在の言葉を語り下ろす現象のことをいう。これは高度な悟《さと》りを開いた者に特有のものであり、「霊媒現象《れいばい》」（トランス状態になって意識を失い、霊が一方的にしゃべる現象）とは異なる。

なお、「霊言」は、あくまでも霊人《れいじん》の意見であり、幸福の科学グループとしての見解と矛盾《むじゅん》する内容を含《ふく》む場合がある点、付記しておきたい。

源頼朝《みなもとのよりとも》はなぜ運命を逆転できたのか

――令和日本に必要な「武士《もののふ》」の精神――

二〇一九年七月二十四日　収録

幸福の科学　特別説法堂《せっぽうどう》にて

源頼朝《みなもとのよりとも》（一一四七～一一九九）

鎌倉《かまくら》幕府初代将軍。武家政治の創始者。義朝《よしとも》の三男。妻は北条政子《ほうじょうまさこ》。一一五九年の平治《へいじ》の乱に敗れて伊豆《いず》に流されるが、一一八〇年、以仁王《もちひとおう》の平氏追討《へいしついとう》の令旨《りょうじ》を受けて挙兵。鎌倉を本拠《ほんきょ》に、弟の範頼《のりより》・義経《よしつね》を送って義仲《よしなか》を討ち、次いで平氏を滅《ほろ》ぼして天下を平定した。その後、義経追討を名目に全国に守護《しゅご》・地頭《じとう》を設置し、武家政治の基礎《きそ》を確立。一一九二年、征夷《せいい》大将軍に任ぜられ、武家政権としての幕府を開いた。

質問者

武田亮《たけだりょう》（幸福の科学副理事長 兼《けん》 宗務《しゅうむ》本部長）

大川直樹《おおかわなおき》（幸福の科学常務理事 兼 宗務本部第二秘書局担当）

上村宗資《かみむらそうし》（幸福の科学宗務本部庶務《しょむ》局チーフ）

［質問順。役職は収録時点のもの］

1　歴史を逆転させる「力」とは何か

「鎌倉《かまくら》幕府の設立」は「明治維新《いしん》」と同じような革命かもしれない

大川隆法　最近、イランの最高指導者（ハメネイ師）の守護霊霊言《しゅごれいれいげん》を録《と》ったときに、「（過去世《かこぜ》で）●鎌倉《かまくら》幕府と関係があった」という話も出たりしました。

それは、「イランの今の祭政一致《いっち》の政体は、鎌倉幕府による武士《ぶし》政権の成立とも関係がある」という非常に興味深い話であったので、今日（二〇一九年七月二十四日）は、第一代将軍である源頼朝《みなもとのよりとも》を呼んで、政治やその他のことについて訊《き》いてみようと思っています。

●鎌倉幕府と……　幸福の科学の以前の霊査《れいさ》において、ハメネイ師の過去世《かこぜ》の一つは北条政子《ほうじょうまさこ》の父で、鎌倉幕府・初代執権《しっけん》の北条時政《ときまさ》であると推定されている。『リーダー国家 日本の針路』（幸福の科学出版刊）参照。

鎌倉時代は、ある意味で、現代につながる仏教諸宗派《しゅうは》の宗祖・派祖が出揃《でそろ》ったときでもありますし、ある意味では、その最後でもあったかと思うのです。鎌倉時代以降、それより偉《えら》い人が日本では出ていませんし、現代につながっている宗派は、八百年ぐらいたっていると思います。

日本の仏教には、もちろん、奈良《なら》の仏教もありましたし、平安期の京都の仏教もありましたが、三期目の鎌倉仏教が、現代の日本にまでけっこう大きな影響《えいきょう》を及《およ》ぼしています。

日本では、仏教も含《ふく》めた、既成《きせい》宗教の現時点での状態を見ると、「平和を維持《いじ》する」という感じのほうに回っているものが多いように思われますが、鎌倉期に立った宗教は、もともと、どうだったのでしょうか。武士道を確立してきた時代の仏教との関係が、やや気になるところです。特に、禅宗《ぜんしゅう》には「武士の精神」と非常に近いものがあったのではないかと思われます。

仮説ですけれども、もし、鎌倉の武士政権というか「幕府の設立」が、「明治維新と同じようなもの」で、日本におけるそうした革命であったとしたら、ちょっと面白《おもしろ》いなと思うこともあります。

鎌倉時代のあと、もう一度、安土桃山《あづちももやま》時代というか、（豊臣《とよとみ》）秀吉《ひでよし》や（織田《おだ》）信長《のぶなが》の時代にも、近世が始まる前の革命があったのかもしれませんが、歴史家とは少し違《ちが》った眼での見方もあるのではないかと考えています。

「絶滅《ぜつめつ》寸前」から、雌伏《しふく》の期間を経《へ》て全盛期をつくった源氏《げんじ》

大川隆法　源頼朝は、本来は滅亡《めつぼう》していたはずの源氏《げんじ》の棟梁《とうりょう》です。

彼は源義朝《よしとも》の子であり、「平治《へいじ》の乱」のあと、捕《つか》まえられました。そして、殺されるはずだったのですが、平清盛《たいらのきよもり》の継母《けいぼ》、継母《ままはは》の池禅尼《いけのぜんに》が、「あんな小さな子が殺されるのは、かわいそうじゃないか」と言うので、清盛は、頼朝以下、何人

●平治の乱　1159年に起こった内乱。平清盛《たいらのきよもり》が源義朝に勝利して、平氏《へいし》政権が成立した。

かを生かしておきました。それが、（平家《へいけ》にとっては）〝運の尽《つ》き〟ではあったのです。

「そのちっちゃい子が、伊豆《いず》に流されている二十年間に力を蓄《たくわ》えて挙兵し、全国を制覇《せいは》していた平家の世が、あっという間に源氏の世に引っ繰《く》り返る」というのは、誰《だれ》も想像していなかったことだろうと思います。

伊豆は当時もかなり不便だったでしょうし、頼朝は伊豆で旗揚《はたあ》げをして負け、そのあと千葉（安房《あわ》）に行っています。日蓮《にちれん》が生誕した小湊《こみなと》のあたりには島（仁右衛門島《にえもんじま》）があるのですが、頼朝は、その島の洞窟《どうくつ》に隠《かく》れていたとも言われています。

その頼朝が、壇《だん》ノ浦《うら》で平家を滅《ほろ》ぼすところまでいったわけです。日本の歴史上、ある意味で平家が〝パーフェクトゲーム〟で勝っていたのに、あっという間に一代で滅び、源氏の世になってしまったのです。

日本でも近年、「自民党政権から民主党政権になり、三代の首相が出て、また自民党政権に戻《もど》る」ということがありました。

そのように、「もう絶滅寸前」だったものが、一定の雌伏《しふく》期間を経《へ》て、勢いを取り返したわけです。〝落日《らくじつ》の感〟のあったものが、そのあと〝全盛期〟をつくり、鎌倉時代をつくったわけです。これが神仕組《かみしくみ》みであったのかどうかは分かりません。

もし池禅尼が止めなかったら、清盛は全員の首を刎《は》ねていたと思うので、頼朝も義経も殺されていたでしょうが、頼朝は伊豆へ配流《はいる》になり、義経は鞍馬山《くらまやま》で小《こ》坊主《ぼうず》のようなことをしていました。このあたりが平家を滅ぼしに来るとは、考えられていなかったと思います。

これには、立党十年になって、最近も参院選（二〇一九年七月二十一日投開票）を経験し、まだまだ難産の苦しみが続いている幸福実現党にとっても、何か勉強になることがあるのではないかと思います。

負け続ける時期もあれば、やがて勝ち始めることもある

大川隆法　頼朝は二十年間、伊豆に流されていたわけですから、それに比べれば、幸福実現党はまだそこまで行っていません。

「二十年」という期間を考えてみると、●劉備玄徳《りゅうびげんとく》もそうなのです。旗揚げをしてから二十年ぐらい、流浪《るろう》の旅をしたというか、傭兵《ようへい》のような感じであちこちの軍勢にくっついては、少しの禄《ろく》を食《は》みながら、戦果を挙げて名を上げようとしていました。しかし、なかなか名が上がらず、二十年ぐらい、あちこちでコチョコチョと動いていたのです。

彼が実際に勝ち始めるのは四十七歳《さい》前後で、旗揚げから二十年はたっていたころです。「桃園《とうえん》の誓《ちか》い」で張飛《ちょうひ》や関羽《かんう》と誓っていたけれども、なかなか勝てず、

●**劉備玄徳**（161 ～ 223）　中国、後漢《ごかん》末期から三国時代の武将、蜀漢《しょくかん》の初代皇帝。184 年に「黄巾《こうきん》の乱」が起こると、関羽《かんう》・張飛《ちょうひ》らと共に討伐に参加、功績を挙げる。その後は各地を転々とするも、諸葛孔明《しょかつこうめい》を軍師に迎え、呉《ご》の孫権《そんけん》と結び、208 年に「赤壁《せきへき》の戦い」で魏《ぎ》の曹操《そうそう》を打ち破った。

かなり晩年になってから軍師（諸葛孔明《しょかつこうめい》）を得て、初めて勝ち始めました。彼は、そういう経験をしています。勝ち始めるのが遅《おそ》かった分、天下統一はできませんでしたが、「天下三分《さんぶん》の計《けい》」で三分の一ぐらいまでは取りました。

そのように、「物事には、負け続ける時期もあれば、何かをきっかけにして勝ち始めることもあるのだ」と私は思っています。二十年ぐらい〝潜《もぐ》る〟ことはありえるわけです。

このあたりについても、何か参考の言葉が聞けないかと思っています。

鎌倉《かまくら》幕府の初代将軍・源頼朝《みなもとのよりとも》を招霊《しょうれい》する

大川隆法　鎌倉《かまくら》時代の方が、どの程度まで見通しておられて、現在について知っておられるかは分かりませんが、相手の見識相応に、いろいろなことを聞き出してみたいと思います。

二十年の伊豆配流の間に北条政子を妻にめとり、北条氏をバックボーンにしたあたりから、頼朝の運勢が変わっていったのではないかと思うのですが、それでも、挙兵して敗れて、もう一回潜ってから再び旗揚げをし、関東の勢力を味方につけ、平家を破っていきました。

このようなプロセスを経なければ、当会のつくっている幸福実現党も、日の目を見ることなく終わってしまうと思うので、「これは、現代では、どういうことに当てはまるのか」ということを私も知りたいと思っています。

さあ、どんな目で見ておられるのか、訊いてみようと思います。

（合掌《がっしょう》・瞑目《めいもく》をして）では、鎌倉幕府を建てました初代将軍・源頼朝の霊をお呼びいたします。

当会ならびに政党（幸福実現党）に、何らかのアドバイスを頂ければ幸いですし、現今の政治状況《じょうきょう》等についてもアドバイスを頂ければ幸いかと思っております。

源頼朝の霊よ、どうか、幸福の科学に降りたまいて、その心の内を明かしたまえ。

お願いします。

（約五秒間の沈黙《ちんもく》）

2　幸福実現党の「弱さ」を叱《しか》る

「宗教本体も政党も、総合的に弱い」

源頼朝　ウウン（咳払《せきばら》い）。（両手の拳《こぶし》で胸を二回叩《たた》き、両肩《りょうかた》を回しながら）ああ、肩が凝《こ》る、肩が凝る、肩が凝る。

武田　おはようございます。鎌倉《かまくら》幕府第一代将軍、源頼朝様でいらっしゃいますでしょうか。

源頼朝　はい。

武田　本日は、幸福の科学にご降臨《こうりん》くださいまして、まことにありがとうございます。

源頼朝　うーん。弱いな。

武田　弱い。

源頼朝　うーん。弱い。実に弱い。

武田　今の「弱い」というお言葉の意味を、まず……。

源頼朝像（藤原隆信画、神護寺所蔵）

源頼朝　総合的に弱い。総合的に見て。

武田　総合的に弱い。

源頼朝　うん。宗教の本体も、政党も、その他のところも、全部弱い。

武田　なるほど。

これは、やはり、七月末に全国で行われた参議院選挙を踏《ふ》まえてのご感想ということでしょうか。

源頼朝　いやあ、甘《あま》いんだよなあ。

武田　はい。

源頼朝　甘ったるいんだよ。

「矢が的《まと》に当たっていない」

源頼朝　だからさ、あそこの政党（幸福実現党）のお上《かみ》（党首）はさ、流鏑馬《やぶさめ》をやってたんだろう？　流鏑馬じゃないのかな、何だ？　●弓か？

武田　弓を。

源頼朝　弓で矢を的《まと》に当てるのが仕事なんだ。仕事じゃない、趣味《しゅみ》か？

●弓か……　幸福実現党の釈量子《しゃくりょうこ》党首は、高校時代、弓道部に所属していた。

武田　はい、はい。

源頼朝　芸事か？　鍛錬《たんれん》か？

武田　はい。今世《こんぜ》の話ですね。

源頼朝　よく知らんが、やっとんだろうからさ。

武田　そうですね。

源頼朝　もうちょっと、こう、的に当てないと。あんた、弓矢はね、どんどん田んぼのなかに撃《う》ち込《こ》んだら、それはいかんなあ。

武田　なるほど。まず、的に当たっていないということですね。

源頼朝　当たっていないなあ。

武田　その「的」とは、何であるというふうにご覧になっていらっしゃいますか。

源頼朝　うん？　「政権を取る」ことでしょう。

武田　あっ、政権を取ることですか。

源頼朝　うん。それはそうでしょう。

武田　そこに当たっていないということですね。

源頼朝　当たっていないよ。

武田　ああ。

源頼朝　だから、もともと貧乏《びんぼう》なんだからさ。貧乏っていうか、まあ、政党としては、やったって金にならんと思っているからさ。

宗教法人のほうが、もうほんとに、ケチケチケチケチ絞《しぼ》って、「（政治活動を）早くやめてくれんか」と願っているのは、だいたい分かってるんだから。宗教のほうで、そう〝祈願《きがん》〟されているのに、それでも「やり続ける」っていうのは、けっこう大変なことだからさ。

だから、無駄《むだ》な矢を、あちこち放ってだな、田んぼの蛙《かえる》をいっぱい殺したってしょうがないから。もうちょっと「当てないといかん」わな。

3　党首がもっと人気を取れ

「党首一人の人気で、何百万票か取れなくてどうする」

武田　もう少し具体的に教えていただけますか。何が無駄《むだ》で、どうしたらよいのでしょうか。

源頼朝　だからな、ほかにも言いたいことは、まあ、追い追いあると思うけれどもさ、まずは党首の釈量子《しゃくりょうこ》に、もっと人気が出ないといかんわな。

いや、キャラクター的には、もっと人気が出なきゃいけないんだよ。だけども、うーん、十分に出とらんな。

武田　はい。

源頼朝　だからね、自分一人の人気で何百万票か集めるぐらいの力がなくて、どうするの。なあ？

武田　何百万票ですね。

源頼朝　うん。政党の党首ならさあ、こんな〝ジリ貧〟をやっとったらいかんよ。いかんわね。

武田　はい。

源頼朝　もしかしたら、今、平家《へいけ》の亡霊《ぼうれい》に取り憑《つ》かれて、逆をやられとるのと違《ちが》うかね。ううん？　今回は、全部〝すり潰《つぶ》し〟に来たんじゃないのか？

どうしたら党首に人気が出るのか

武田　では、どうしたら何百万票取れるようになるのでしょうか。

源頼朝　だから、同じような顔の写真をいっぱい（ポスターにして）貼《は》ってるけどさ、人気が出る人と、出ない人があるわけよ。

武田　はい。

源頼朝　そのへんのところなんだ。だから、頑固者《がんこもの》は頑固者なんだけど、その頑固者が、「信念」に姿を変えて、信念を貫《つらぬ》いているような、〝かっこいい感じ〟になれば、人気も出るのにさ。頑固者が〝偏屈《へんくつ》〟に見えているだけだから、人気が出んのだ。なあ？

大川直樹　その、「信念を貫いている人」と「偏屈に見える人」との差というのは何でしょうか。

源頼朝　少なくとも、今年なんか見るかぎりは、女性比率を、なあ？「(女性)議員の比率を増やそう」と言っているところだからさ。

まあ、(釈量子は)女性党首としては、もう、きら星のようにいるなかの一人ではないよ。ただ一人、孤軍《こぐん》奮戦しているような。ねえ？　六年、七年やってい

●(女性)議員の比率を……　2018年5月に制定された「政治分野における男女共同参画の推進に関する法律」は、国政選挙および地方選挙において、男女の候補者数を均等にすることを目指す法律であり、2019年参院選は本法律が制定されてから初めての国政選挙となった。

るんだからさ。

武田　そうですね。

源頼朝　これを〝売り込《こ》めなかった〟というところは、だいたい、選挙前の敗北だわな。

武田　ああ、選挙前の……。

源頼朝　これがなあ。だから、「女性党首、奮戦す」っていうところを、やっぱり、どうやって媒体《ばいたい》に売り込むかということは大事だし、パトロン勢力を、どうやって引き込むかっていうところだよな。

武田　はい。

源頼朝　だから、頑固で、（両手で視野を狭《せば》めるしぐさをする）こうしか見えないと、それはちょっと無理になる。

馬じゃないからなあ。馬が驚《おどろ》いてはいかんから、周囲が見えないようにしたりするが、そのようになっている気《け》がある、ちょっとな。

武田　はい。

源頼朝　だから、それを、やっぱり、もうちょっと……。まあ、退屈なときは何をやっとるのか知らんけど、少し、「スター養成部」（幸福の科学のスター養成機関）にでも行って、演技練習でもしてきたほうがいいのと違うか。

武田　演技練習ですね。

源頼朝　うん、うん。

顔立ちは、まあ、遺伝子的に、そんなにまずくはつくっていないんだがな。

だから、人気さえ出れば、もうちょっと、何百万票だって一人で取れる！

武田　はい。

比例が弱いのは、「党首力《とうしゅりょく》」の問題

源頼朝　だから、「比例が弱い」っていうのは、絶対問題があるよ。

武田　そうですね。

源頼朝　比例が弱いっていうのは、これは、「党首力《とうしゅりょく》」ですよ。

武田　なるほど。

源頼朝　だから、党首が、どうやったら人気が出て、みんなからグワーッとこう……。「女性が頑張る時代なんだな。女性の政治家が頑張る時代なんだな」と、みんなが思って、要するに、注目をどうやったら引けるかを、参謀《さんぼう》軍団もよく考えて出さないとさ。

武田　はい。

源頼朝　だいたい、〝貧乏《びんぼう》くさい〟新聞一つにちっちゃいコラムを書いているぐらいでさ、そのためだけに立候補表明がいつも遅《おく》れてさ。地方のほうは、「党首は、立候補するんだかしないんだか、いつもギリギリにならないと分からん」みたいな、こんなことばっかりやっとるじゃないか。

これは、勝負に弱いな。これは、穴蔵《あなぐら》に隠《かく》れているような状態だからさ。

そらあ、〝平家が怖《こわ》い間〟は隠れとるのはしょうがないからな。伊豆《いず》の洞窟《どうくつ》に隠れていなきゃいかんときも、安房《あわ》の小湊《こみなと》の近くの洞窟に隠れていなきゃいかんときも、そらあるよ。

見つかったら、摘発《てきはつ》されて捕《つか》まるっていうならね。ナチスのユダヤ狩《が》りみたいに、見つかったら捕まるっていうのなら、それは隠れるしかないけどさ。

そうでなくて、やっぱり、宣伝しなきゃいかん時期は、そうであってはいかんわな。

武田　なるほど。

「党首を引き立て、光り輝《かがや》かせる相方《あいかた》が必要」

源頼朝　だから、彼女を引き立てるような、そういう上手な相方《あいかた》をもうちょっと用意しないといかんわな。

（党首の）下に、ボケーッとしたのがおるだろ？　ボーッとしたのが。地味ーなのがおるだろ。

武田　地味な男性ですか？

源頼朝　ええ？　何か、〝日本語がしゃべれない岩手県人〟みたいなのがいるだろうが。

武田　ああ、はい、はい。

源頼朝　ああいう、〝くさい〟、いや、くさいじゃない、〝暗い〟人間を呼んで引き立てようたって、それはいかんがな。

やっぱり、もうちょっとなあ、もう関西のお笑い芸人でも連れてこいよ、ほんまに。ねえ？

武田　なるほど、そういう人に。

源頼朝　ほんとに、党首をもっと持ち上げて、引き立てて、光り輝《かがや》かせないと。馬だって、磨《みが》かなかったら光らんのだからさ、毛並みが。

武田　うーん。

源頼朝　もうちょっと、何かね、ブラッシュアップしないといかんわね。

武田　なるほど。

源頼朝　いや、あの顔でね、わしは十分、五、六百万票取れると思ってるよ。だからね、それを生かし切っていないところが残念ではある。

大川直樹　生かし切れていない。

源頼朝　うん。

武田　今のは、党首に関するお話でした。

源頼朝　ああ、党首だよ。

「宗教も政党も、サラリーマン根性《こんじょう》になっている」

武田　ほかに、何かございますか。

源頼朝　だから、全滅《ぜんめつ》だけどね。どれもこれも駄目《だめ》だけどさ。まあ、根性《こんじょう》が入っとらん。だいたい、落選しても給料が出続けると思って、甘《あま》えとるわなあ。これはやっぱり、ちょっと根性を入れないといかんな。やっぱり、落選しても出続けるっていうのはねえ。

五十年以上先発の某《ぼう》宗教政党なんかは、何せ、議員になっても、その歳費《さいひ》の一部は宗教に寄付させるっていうぐらいだからな。「選挙運動を手伝ったんだから、当然だろう」って言って、歳費を〝ピンはね〟するぐらいだからね。まあ、しっかりしてるわな。

大川直樹　その政党では「選挙をやると功徳《くどく》が出る」というような声も……。

源頼朝　そう、そう、そう、そう。

だけど、（幸福の科学は）宗教も政党も、全然バラバラにやっていて、みんな〝ぶら下がって〟いる状態で、もう、早くも「サラリーマン根性」になっとってな。

サラリーマンだと、会社が大きくなったらさ、自分が働こうが働くまいが、給料が出るんだよ。

だいたい、そういう根性にもうなっとるから、これは、草創期のような、「もう草の根をかじってでも戦う」っていうような感じじゃなくなってるわな。

「信者数から見て、共産党に負けるのは悔《くや》しい」

源頼朝　あとは、悔《くや》しいのはさあ、信者数、会員数から見りゃ、ほんとは共産党員より多いはずなんだよ、絶対に。

武田　はい。

源頼朝　だけど、得票は、あっちは何百万票を確実に取ってくるでしょう？ 共産党だって、政党交付金を今のところもらっていないはずだからさ。（幸福実現党と）一緒《いっしょ》だよな。

「（政党交付金を）もらって国の下僕《げぼく》にはならん」っていう。まあ、革命勢力だからなあ。そういうことなんだろうから。

それで、募金《ぼきん》運動みたいに、辻説法《つじせっぽう》をしながら集めたりもしているけど、まあ、そういう意地もあるからさ。だから、堂々と政権を批判できるわな。

今回は、その政党要件●を取っていないところも、通ったりもしている。

武田　そうですね。

●政党要件を……　公職選挙法では、国会議員５人以上、または、直近の衆院選か参院選での比例区か選挙区での得票２％以上が必要。なお、政党助成法における政党交付金の対象となるには、国会議員５人以上、または、国会議員１人以上、かつ前回の衆院選か参院選、または前々回の参院選での比例区か選挙区での得票２％以上が必要。

源頼朝　二つ通ったのかな？

武田　はい。二つ通りました。

源頼朝　いやあ、あんなのに負けるようではな、（幸福実現党の）十年の歴史は何なんだ？

やっぱりね、ちょっと、弓矢を撃《う》つところから、パンチを打つところが、若干《じゃっかん》違ってると思えるな。いやあ、悔しいと思わなきゃいかんよ。うーん。

●二つ……　「れいわ新選組」と「NHK から国民を守る党」のこと。

4　日本に武士道《ぶしどう》精神を立てよ

「源氏《げんじ》の世、再び。〝武士《もののふ》の世〟をつくれ」

上村　ありがとうございます。

源頼朝　うん。

上村　先ほど、お話に出たとおり、今回の選挙では、「ワン・イシュー・ポリティクス」といったような、NHKの問題とか、れいわ新選組のように一つのターゲットに絞《しぼ》った政党が票を伸《の》ばしたと思うのですが、幸福実現党として、もう少しここを押《お》し出せば世論《よろん》に当てることができたという部分がもしあれば、お教えいただければと思います。

源頼朝　維新《いしん》とか何かだってさ、「大阪《おおさか》都構想」だとかさ、ほんとはあんなもの、国政選挙に問うようなことではないことを挙げながら、「いざというときの改憲議席になるかもしらんぞ」みたいなので交換《こうかん》条件をしながらやっているじゃないか。

他の野党は野党でさ、統一候補にしたりして、（与党《よとう》と）対立していた。だから、（それ以外は）蚊帳《かや》の外に置かれたわけよね。

その蚊帳の外に置かれたもののなかで、そうした、「NHKから国民を守る党」とか、いたな。何パーセントぐらいがNHKに反対なのか、まあ、受信料を取られるのが嫌《いや》なのかな。まあ、そこを狙《ねら》っての〝あれ〟だろうけど。

あとは、できたての「れいわ新選組」なんていうような、こんなところの、ほとんどしゃべれないような人たちに議席を取られたりしてな。

若干《じゃっかん》、これは、信者のみなさまがたに、ちょっと申し訳ない気もするな。だから、信者のみなさんがたも活動はするけど、上（上層部）の向いている方向っていうか、方針っていうか、キャンペーンとか、戦いの〝あれ〟が間違《まちが》っていたらさ、そんなに票にはならんわな。

まあ、それと、うーん……。チッ（舌打ち）、そうだなあ、だから、（幸福実現党は）自民党を超《こ》えるような総合政党みたいな感じで、政策をいっぱいつくるのは好きなんだけどさ、現実は、地方議員の当選ばっかり狙っているみたいな。

地方議員には、日本の政策なんか、ほとんどないからね。あれは、勝手に各人が言っている内容で受かる人は受かっているんだろうから。国政について言っていることでは、当選はほぼしとらんだろうからさ。

まあ、このへんは悔《くや》しいな。とても悔しい。やっぱり、「源氏《げんじ》の世、再び」っていう感じはだな、平家《へいけ》が驕《おご》って、平安貴族文化に吸収されかかって、武士《ぶし》として腐《くさ》ってきているところを、やっぱり、「武士の魂《たましい》で、もう一回、武士の世、武士《もののふ》の世をつくる」っていうことだろう?

武田　そうですね。

源頼朝　まあ、これ自体は、幸福実現党が基本的に持っている考えと、そんなに大きく変わらないよ。「武士の世」というか、「武士道《ぶしどう》精神」を立てようとしとるんだろう?　基本的に。

武田　はい。

源頼朝　恥《は》ずかしいじゃないか。

基本的にさ、（日本が）独立国家なのかどうかっていうところも疑われるが、自衛隊だって、侍《さむらい》かどうか疑われるし。内閣や、首相と、官房長官《かんぼうちょうかん》と、「おまえら、何のためにおるのか」っていうようなところがあるじゃないか。なあ？

武田　はい。

竹島の領空侵犯《しんぱん》事件に見る「専守防衛」の危《あや》うさ

源頼朝　昨日《きのう》もさ、いや、最近の話で、鎌倉《かまくら》時代から飛んでたいへん申し訳ないが、昨日も、島根県の竹島か。どこだった？　島根かな？

●**竹島**　日本の島根県隠岐《おき》の島町《しまちょう》に属する島。日本政府は「竹島は日本固有の領土」との立場で一貫しているが、1952年、韓国は国際法に反して日本海および東シナ海に日韓境界線（李承晩《りしょうばん》ライン）を設定し、竹島を自国の領土と主張して占拠。現在も実効支配を続けている。

大川直樹　はい。

源頼朝　竹島の領空侵犯《しんぱん》をして、ロシアの爆撃機《ばくげきき》と中国の爆撃機が同時に、二機ずつか何か知らんけど、なんと、韓国《かんこく》のジェット戦闘機《せんとうき》が、スクランブルをかけて、かけただけでなくて、実弾《じつだん》を三百六十発も撃《う》ったとか言うとるやんか。なあ？

韓国のほうが、何か、「武士道」っていうか、「武士《もののふ》」みたいに見えるやんか。日本の自衛隊なんか、三百六十発も撃ったことあるか、スクランブルで。ないだろうが。

向こうは、実戦をやる気満々だっていうことだ。爆撃機っていうことはよ、「竹島の上から爆弾を落とせる」っていうことだからな。

●ないだろう……　ただし、米ソ冷戦時代の1987年12月9日、沖縄上空を領空侵犯した旧ソ連の爆撃機に対し、航空自衛隊の戦闘機が警告射撃を行った（対ソ連軍領空侵犯機《しんぱんき》警告射撃事件）ことがある。このとき、数百発の実弾が発射されたと推定されている。

武田　そうですね。

源頼朝　「その気があったら、おまえら、撃墜《げきつい》したる」っていうことだろう。「撃った」っていうことはな。そうだろう？

大川直樹　参院選直後に、そういった出来事が……。

源頼朝　だから、アメリカだって……。

もう、この狙いはさ、今、「分からん」って言うとるんだろうけど、分かっとるよ。

これは、日本と韓国が貿易摩擦《まさつ》で今、戦争になりかかってるし、その前は、

「徴用工《ちょうようこう》問題」とか、「慰安婦《いあんふ》問題」とか、いろいろ歴史問題等で喧嘩《けんか》を売って、何て言うか、日本に支配された歴史を全部消してさ、今度は逆に、日本を支配したい気持ちになっとるわな。

逆に、日本を支配したいっていう気持ちが、韓国の大統領、文《ムン》（在寅《ジェイン》）さんが北朝鮮《きたちょうせん》にものすごく歩み寄り、急いで急いでして、経済援助《えんじょ》も早くしたくてしょうがなくて、一体になれば……。

通常軍事力だったら、韓国と日本だと、わりに近いが、「実戦力」としては、韓国のほうが少し上なんだよね。実際の戦争を想定して準備しているから、向こうのほうがちょっと上で、通常戦力でもな、やや上になってると思うんだよ。現実の戦争が起きても、数時間以内に戦闘開始できるようにはなっとるからな。

日本は、そうはなってないから。「まずは、アメリカ軍が来るまでの間、時間稼《かせ》ぎして、助けに来てくれるのを待つ」という、台湾《たいわん》とほとんど同じような考え方でやっとるからさ。

だから、日本のほうは、その「初動が遅《おそ》い」というところで、明らかに戦力差が……。

要するに、スクランブルをかけたら、すぐにミサイル発射するような国とだったら、日本の自衛隊機が何百機かあったとしても、最初は撃てないから。「攻《こう》撃《げき》を受けたら反撃できる」っていうのは、最初の初動期で、半分以上は撃ち落とされてるはずだから。何百機かあっても、半分は、もう最初の一撃で失われてる。ロックオンされたら、今のはみんな当たるんだからさ。ね？

「憲法改正は進まない」と見て仕《し》掛《か》けられた離《り》間《かん》の策

源頼朝　これを変えるためには、「国防の指針」を変えるしかないわな。主権国家として、国を護《まも》るためなら、自主的に判断してやれるようにならなきゃいけないよね。

「攻撃を受けたら反撃をする」というんじゃ、現代は、もうほとんど終わってるし、北朝鮮からの攻撃だったら、もし、核《かく》兵器だった場合は、もう、それではとんど終わってることもあるわな。

今、特に、韓国と揉《も》めてることで、アメリカがさ、日米同盟もあるけど、韓米同盟もある意味ではあって、それで、北朝鮮を今、やろうとしてるところがあるけども。

韓日がうまくいっていないところを、「中国とロシアが同時に来た」っていうことは、もう軍事的には、共同作戦ができるような話し合いができているっていうことだろう。

これは「離間《りかん》の策」だよね。軍事的に見たら、それ以外ありえないので。

（日韓の）両方が領有権を争ってる竹島のところでやれば、韓国が出てくるのは分かっている。日本は、それを怒《おこ》るのは分かってる。そして、仲はもっと悪くなるようになってるし。

日韓が争った場合には、アメリカは同盟関係といっても、第七艦《かんたい》隊は動きようがないよ。韓国に撃ち込《こ》んだらいいのか、日本に撃ち込んだらいいのか、竹島で戦争が始まったって、第七艦隊は動きようがないだろう、たぶん。ねえ?

それは知ってるんだよ。知っててやってるんで、ちゃんと。

これは、要するに、日米韓の三国の同盟関係を壊《こわ》しにかかってる。参院選直後に、もう、すぐに壊しに入ってきてるということやな。「憲法改正はすぐに進まん」と判断した段階で、さらに、軍事同盟の分断に入ってきてる。

大川直樹　分断に……。

源頼朝　うん。ハッハッハ（笑）。

「鎌倉《かまくら》幕府を建てたわしは時代精神だと思う」

大川直樹　日米韓の関係を壊す隙《すき》をつくっているのは、まさに、日本に、「自分の国は自分で護る」という精神がないところだと思います。

頼朝様の時代から少しあとに、「元寇《げんこう》」というものがありました。源氏が平氏に勝たなければ、ある意味で、日本が元寇の時代に滅《ほろ》んでいた可能性もあったのかなと思うのです。

源頼朝　そう。そう。

大川直樹　そこで頼朝様は、伊豆《いず》に流されて、そこから、また再起され、平氏を倒《たお》し、鎌倉《かまくら》幕府を開かれたわけですけれども、このときのモチベーションといいますか、どういった世の中をつくろうと思ったか、どういう再起の志《こころざし》を持っていたのかについて、教えていただければ幸いです。

源頼朝　いやあ、まあ、「鎌倉幕府を建てる」っていうのは、まあ、わしは「時代精神」だと思うとるよ。だから、わしは、ナポレオンみたいなもんだと思うとるわけよ、日本のな。そういう意味があったと思うとるけどね。だけど、それでも、それだけ、何と言うか、平家に全国を蹂躙《じゅうりん》されて、隠《かく》れていなきゃいけない時期が二十年ぐらいあることもある。それは、時が満ちなければならないし、その間に死ぬことだって、ないとは言えんからね。それは運も味方せないかんけどさ。

それから百年たたずして、北条執権《ほうじょうしっけん》時代になるけどね、元寇が二回もあったわね。

「神風《かみかぜ》」で勝ったという説もあるけど、少なくとも一カ月以上は戦ってるよな、対馬《つしま》だとか、北九州あたりで。武士《ぶし》は、防塁《ぼうるい》を築いて戦っとるわな。武士の世でなかったら、占領《せんりょう》されてた可能性はあるわな。

今も、朝鮮半島から中国、ロシアも、まだ脅威《きょうい》とは言えないかもしらんけども、こちらのほうからの脅威はあるわけだな。

だから、何と言うか、時代的な要請《ようせい》としては似てはいるわけよ。

参院選前後のマスコミ報道を批判する源頼朝の霊《れい》

源頼朝　だけど、国民全体はまだその認識がないし、マスコミはまったくの大ボケ状態で、もう〝ボケ老人〟だからさ、ほとんど、マスコミが。

〝ボケ老人〟って差別用語かな？

武田　うーん。

源頼朝　よう知らんが、マスコミの経営陣《じん》は〝ボケ老人〟だよな、少なくともな。いや、（マスコミは）批判をするのが仕事だから、そのくらい言われても、文《もん》句《く》は言えんな。

武田　そうですね。

源頼朝　だいたい、参院選の前にさ、あなたがたがずっと問題にしてきてる南シナ海でさ、中国海軍がさ、ミサイルを六発撃っとるんだよ。

武田　そうですね。

源頼朝　もし、それをさ、大々的に取り上げてさ、「ああ、やっぱり、幸福実現党がずっと言ってたとおりの危機が、いよいよ始まりましたね」と。「北朝鮮もそうだったけど、ここも本当ですね」と。

これを、もしね、正当に報道してね、「やっぱり、これは危機がある」という判断を、主要マスコミとかがした場合さ、何て言うのかな、「憲法九条を守れ」の集団、野合、野党連合、これあたりの足場が、もう崩《くず》れるよな。

武田　そうですね。

源頼朝　「こっち（野党連合）に票を入れる」っていうことはだよ、先の民主党政権をつくったときと同じようなもんだから。「日本が軍事化しなければ平和が来る」みたいな考えだろう?

こんなこと関係なく、ちゃんとミサイルを撃っとるじゃないか。それは関係なくやってるよ。中国独自の意志で、軍事基地を海のなかにつくって、飛行場をつくって、さらに、近隣《きんりん》の国を脅《おど》せる状態。もう、ミサイルを撃ってる。

それで、あんた、北朝鮮はさあ、潜水艦《せんすいかん》の竣工《しゅんこう》を発表してるんだよね、日本の選挙をまたいでな。

今までは(SLBM発射管が)一基だったらしいけど、金正恩《キムジョンウン》が視察した新しい潜水艦は、三発以上の核ミサイルも発射できる体制になるんではないかと推定されてるわけよ。

ということは、どういうことかっていうと、「アメリカが一斉《いっせい》攻撃を北朝鮮にかけたとしても、潜水艦を日本海側に潜《もぐ》らしておけば、少なくとも東京ぐらいには撃ち込めるぞ」ということだろう?

武田　そうですね。はい。

源頼朝　「アメリカは、それでも平壌《ピョンヤン》を攻撃するかい?」と。「核ミサイルが東京に二発、落ちただけでも、大打撃は出るぞ」と。
向こうは抑止力《よくしりょく》を強めてるわな。非核化の話をしてる間に、抑止力は強めてる。原子力潜水艦で核ミサイルを装備せないかんのは、北朝鮮じゃなくて日本のほうなんだよ。むしろ、日本は今、中国から、ロシアから、北朝鮮から、核兵器、核ミサイルがみんな向いてるわけですから。もし、日本の主要都市が攻撃された場合に、抑止力としては、「海に潜っている潜水艦から反撃するぞ」と。「ただでは済まんぞ」と。

これは、「武士の精神」としては、正当防衛的にというか、当然の行動だわな。

武田　はい。

源頼朝　斬《き》りかかられて、「はい、どうぞ」っていうわけにはいかんわな。それが不当な行為《こうい》であるならな。日本が斬りかかられなければいかん理由があるなら、ともかくな。

「韓国《かんこく》の言いがかりに言い返せない日本のマスコミは成敗せよ」

源頼朝　でも、韓国《かんこく》とかの最近の言いがかりをいろいろ見てたらさ、戦争中に、韓国、北朝鮮は日本に併合《へいごう》されてて、彼らが日本人であって、日本軍人にもなっていたし、それから、一緒になって軍事体制を築いてた時期に、日本の大企業《だいきぎょう》、製鉄会社か何かで働いてた人たちについて、また、「拉致《らち》して、強制して働かせた」ようなことを言うて、鬼ヶ島《おに》にでも連れてこられたかのように言うて、「その分、金を払《はら》え」って言うとるんでしょ？　たぶん。

武田　はい。

源頼朝　二兆円ぐらいか知らんけど。それを、大審院《だいしんいん》か何か、最高裁みたいなところ（大法院）が、「日本の現在ある企業の財産を差し押さえてでも、払え」とか言ってるんだろう？
当時、彼らは日本人で、日本人の大企業に働けたっていうのは、当時の時代で見りゃあさ、たぶん、これは非常に名誉《めいよ》なことだったはずで。日本の製鉄会社で働けたからこそ、戦争が終わったあとに、韓国の造船業とかが大発展したのはそのおかげで、ノウハウを持ってたからだわな。

武田　そうですね。

源頼朝　こんなのは、まったくの「言いがかり」であってね。これに対して、言うことも言い返せない日本のマスコミっていうのは、まあ、ほんとに、いやあ、成敗せないかんだろうな。ピントがズレすぎとって、もうほんとに。

敵に塩を送ってもいいけどさ、送るべきでないときに送ったらいかんわな。

「日本の選挙は世界の非常識」

源頼朝　それから、官房長官とかも、「遺憾《いかん》である」しか言えないような人だけど、「令和」とかいうて、また、「平成おじさん」みたいに「令和おじさん」で出したただけで、それで、次の総理候補だとか。

武田　はい。

源頼朝　この国はアホと違うか？　ほんまに狂《くる》うとるわ。まあ、それを持って出ただけで、それで、なんで総理候補になるんだ。バカか！　狂うとるんか？　誰《だれ》か、それをちゃんと言える人は、この国には一人もいないのか？

バカじゃないか！　ほんっとにバカじゃないか？　ほんと、そう思うよ。

で、「遺憾である」って言ってりゃ総理になれるんか、あとは。

だからね、ほんとにね、「竹島は日本固有の領土である」って言ってね、なんで韓国が三百何十発もミサイル（実弾）を撃っとるの？　ねえ。で、「ロシアが侵犯した」と言ってる。

いや、まったくもう、国際社会の常識の外側にあるじゃないか、この国。この国は常識の外側にある。

最近、何か、そんな本が出てたけどさ。竹村健一さんの「日本の常識は世界の非常識」、これをまだ言い続けなきゃいけない。

ほんと、「日本の選挙は世界の非常識」なんですよ。これを言い続けなきゃいけないんで。

本当に問うべき争点を、争点隠しして、みんな逃《に》げてるんで。政治家も逃げる、マスコミも逃げる、国民も逃げる。難しい議論が分からない人は棄権《きけん》する、半分以上。これ。これは駄目《だめ》よ。

武田　うーん。

●そんな本……　『竹村健一《たけむらけんいち》の霊言《れいげん》 大逆転の時代　次の30年を語る』(幸福の科学出版刊)参照。

源頼朝　これね、どうなりたいの？　みんな、捕虜《ほりょ》になりたいの？　奴隷《どれい》になりたいの？　侵略されたいの？　いったい、どうしたいの？

今こそ、日本人の村意識を打ち破って「武士《もののふ》の世」をつくれ

源頼朝　いや、「武士《もののふ》の世」が、今、必要だわな。

だから、そういう時機が到来《とうらい》して、それを十年も言ってて、それが響《ひび》かないっていうことは、やはりね、「まだ、自分たち自身の、日本の国是《こくぜ》だとか、国民の意識だとか、『赤信号、みんなで渡《わた》れば怖《こわ》くない』だとか、その程度の共同意識みたいなのを持っていないと、日本人でなくなって村八分にされる」みたいな感じかな。

こういうものを、やっぱり、打ち破らねばならんわけで。そのための革命運動が、宗教であり、政党であるはずなんだよ。

で、そこのなかにいるやつらが、そら、もう、能天気にさ、定年延長されながら、「あと、給料が出ればいい」と思ってるような状況《じょうきょう》で、役場に勤めとるようなつもりでやっとるんだったら、それは、まったく、勘違《かんちが》いも甚《はなは》だしいわな。

「自分たち自身が危機意識を持っとらんのではないかな」と思う。

だから、そういう人は……、国際情勢を踏《ふ》まえたらだね、そんなあとの、しょうもない、幸福実現党以後にできた〝雨後《うご》の筍《たけのこ》〟みたいなものは、一掃《いっそう》されてなきゃいけないわけで、いやあ、実に情けないなと私は思っているよ。

5　この国は腐《くさ》っている

「臥薪嘗胆《がしんしょうたん》」の気持ち、「勝利の日まで戦う姿勢」を忘れるな

武田　今のお話と重なるのですが、やはり、私たちも、現在の「宗教活動」や「政治運動」では、価値観の戦いをしていると思っています。

源頼朝　そうだよ。

武田　ですから、今、お話しいただいたように、私たちも「精神革命」を起こしていきたいと思っているのですけれども、頼朝様は、鎌倉《かまくら》幕府を開いて、貴族的

な平家《へいけ》の世を武士《ぶし》の世に変えることによって、価値観の革命を起こされたとも言えると思うんですね。
そうした頼朝様に、「精神革命を起こすための要《かなめ》となるもの」「今、私たちに欠けているものというか、課題となっているもの」について、改めて教えていただきたいと思うのですけれども。

源頼朝　当時に、「世論《せろん》」っていうのがあったかどうかは定《さだ》かではないが、少なくとも、平家がさ、いちおう、元は武士の端《はし》くれだったはずだけど、「武士よりも貴族のほうが身分が上だ」という高い〝気位《きぐらい》〟でもってねえ、そういう高位高官になりたくて、参内《さんだい》したくて、堕落《だらく》している、要するに「腐敗《ふはい》している」っていうことを、新聞はなかったかもしらんが、国民は、何となくは感じてはいたわけよな。

だから、「驕《おご》る平家は久しからず」っていうのを、これは、あとで言われたことにはなるが、やっぱり、何となく、「ああいうのが繁殖《はんしょく》してるけど、要《い》らんのじゃないか」っていう、〝にわか成金〟みたいな感じに見えていたとも思うんだよな。

武田　なるほど。

源頼朝　で、「あれは、どうにかならんか」という気持ちもあったし、わしが政権を取ったら、鎌倉に幕府を置いて、京都には入らんかった。要するに、〝ここの精神〟をよく見てほしいわな。

だから、腐敗・堕落するからね。それだったら二の舞《まい》じゃない。平家を追い出して、源氏《げんじ》が同じようになるだけだったらさ。

「平家」「源氏」といっても、当時としては、有名な二大巨頭《きょとう》だったわけだから、本当はな。これこそ、アメリカの「共和党」と「民主党」みたいな二大政党だったのに、片方が、ほとんどゼロに近いところまで行ったのを盛り返したわけだからさ。

その、「自分は腐敗しまいぞ」と思う、この、「臥薪嘗胆《がしんしょうたん》」の気持ちかな。

今の人は、「臥薪嘗胆」と言うても、もう分からんかもしらんけど、炭の上に寝《ね》て、熊《くま》の苦《にが》い胃袋《いぶくろ》を焼いたものをかじってるような、要するに、とにかく苦いもんだわな。「良薬、口に苦し」の苦いものを……。美食せず、うまくないものを、舐《な》めてでも、かじってでも、とにかく、「勝利の日まで、戦う姿勢を忘れん」っていうことだな！　これが大事だ。

武田　はい。

「負けることで怯《ひる》むな。信念を強く打ち出して仲間を募《つの》れ」

源頼朝　だから、負けることで怯《ひる》んではいかんよ。もともと、「ない命」だからさ。殺されてても、全滅《ぜんめつ》してってもしょうがないのに、チャンスなんだからさ。

それは、確かに、全国に勢力を持っていた平家をな、平家の手薄《てうす》なところから兵を挙げて、仲間を募《つの》って、やったわけだから。やっぱり、信念を強く打ち出しつつ、仲間をもうちょっと募らなきゃいけないしさ。

何か、今の政権が続くことでさ、不利になる者もあろうとは思うんだよな。その不利になる者が、「護憲勢力」っていうだけで、単に、「外国に侵略《しんりゃく》されることを受け入れる側のほうの人間が不利になる」っていうだけだったら、やっぱり、その二分法の考え方を破らなければいかんわな。

選挙前に追及《ついきゅう》するべきだった「日本のエネルギー政策」

源頼朝　で、今の政権だってさ、嘘《うそ》のつき方がうまいわな。その嘘のつき方のうまさで長生きしている。「長期政権」って言ってるだけで。

だから、選挙で勝ったあとにさ、「それで、どうするんですか」と言われてさ、例えば、「ホルムズ海峡《かいきょう》はどうするんですか」って言われたって、安倍《あべ》総理だって、それから、公明党の党首（山口那津男《やまぐちなつお》氏）だって、答えられてないよな。

武田　そうですね。答えられていません。

源頼朝　それに何も答えられなくて、選挙には勝てるんだ。なあ？

武田　はい。

源頼朝　なんで、これを追及《ついきゅう》しねえんだ。選挙前に、なんでそれを追及しねえんだ。「どうするんですか」と。「（民間船の航行の安全を確保するための）有志連合をつくって、やろう」と（アメリカは）言ってるけど。

武田　そうですね。

源頼朝　ええ？　「（日本は）イランとは、昔は仲が良かった」と言いつつも、そう言ったって、（イランの）石油、禁輸してるじゃない。なあ？　ホルムズ海峡（中東）から八割以上、石油入ってるじゃない？　「これ止まったら、日本どうするの」っていうところは、（追及されて）当然のことだ。これ、当たり前のことだ。

だから、（その石油が）入らなくなったあとは、二割以内の輸入になるからね。どこから、それを調達するの？

武田　そうですね。

源頼朝　アメリカの「シェールオイル」だのいうものは、本当に日本に回してくれるんか？　あそこだって、まだ、石油が欲《ほ》しいぐらいなのと違《ちが》うんか？

それとも、オーストラリアの石炭を輸入するんか？　そしたら、中国の海洋覇《は》権《けん》で石炭を輸送できんようになったらどうするんだ。

ロシアから天然ガスがいっぱい来るんか。ロシアとは、仲良くなるのか、ならんのか。分からんじゃない。それも決められんかった、選挙前に。

なんで、そこのところを（追及しなかった）？

これ、日本のエネルギー政策、どうするんだ。まったく（方針が）立っていない。与党《よとう》も。野党もだよ。野党もまったく。要するに、みんな〝飢《う》え死に〟しようとしている状態なんだから。

日本人は、主要論点を隠《かく》されて「間接投票」をしている

源頼朝　だから、「勝てば、何かそのうち、どうにかしてくれるだろう」ぐらいのアバウトな丸投げだよな。そういう意味では、今、これね、選挙しているけど、こんなの無意味ですよ。これ、「直接選挙」をしてるように見せてるだけでね、実際、してないんだよ。

武田　なるほど。

源頼朝　「間接選挙」しかしていないんだよ。

国民は分からんから、もう政党名で選んでるだけなんだよ。「よく知っている政党だったら、どうにかしてくれるだろう」と思って、それを書いているだけで。「その政党のなかで推薦《すいせん》を受けた人は、そういう人なんだろう」と思って選んでるだけ。

これ、「直接投票」では、実際ないんだよ。「間接投票」しているんだよ。だから、ろくでもないのも、いっぱい入ってるよ。紛《まぎ》れ込《こ》んでるわな、いっぱいな。

だから、この主要論点を、みんなで総がかりで、与党も野党も、それから、マスコミも、全部で隠《かく》してやっている。

「身障者の社会保障」は、「日本の存亡」よりも緊急《きんきゅう》の問題？

源頼朝　そりゃねえ、〝れいわ何とか〟（れいわ新選組）は、身障者の方が国会に登壇《とうだん》する……、よう知らんが、行くとかいうことで、「そうした身障者のほうへの社会保障を厚くしましょう」っていう運動をしたいんだろうけどさ。

まあ、それが一定の勢力の代表であることは、私だって分かるけどさ、「日本の国が滅《ほろ》ぼされるかどうか」よりは緊急《きんきゅう》ではないでしょう。

で、当選した人だって、それは、任期六年間、生きてるかどうか分からないような人たちですから（注。鎌倉時代の霊《れい》の意見である）。

武田　はい。

源頼朝　こういう言い方をすると、マスコミには〝言葉狩《が》り〟されるんだろうと思うけどさ。私は霊だから、言われても、そんなもの責任は取れんから言うけど、「六年間生きる保証があるのかどうか」ぐらいは、ちゃんと詰《つ》めといたほうがええわな。そうしないと無責任すぎるじゃないか。

それに、そうした社会保障の問題で、日本は今、財政危機に陥《おちい》っとるんだからさ。陥っとるんだけど、「さらに、ばら撒《ま》かないと勝てない」っていう選挙構造が出来上がって、これを改革することこそ「革命」であるんだけど。

言うべきことを言っている幸福実現党

源頼朝　おそらく、君たちが（選挙戦に）負け続けている理由のほとんどは、君たちが「自助努力の社会」を一生懸命《いっしょうけんめい》、訴《うった》えとるからだろ？

武田　そうです。

源頼朝　「幾《いく》ら、くれるの？」というのが、（有権者の）みんなの質問なんだろ？

武田　はい。

源頼朝　「幾ら、撒きます」と言わないといかん。公明党のポスターみたいに、「小さな声に耳を傾《かたむ》ける」（ポスターのキャッチコピーは「小さな声を、聴《き》く力。」）とか、ああいうの。それは、「口利《くちき》きしまっせ」って言ってるんだろ？

武田　そうです。

源頼朝　だから、公然とポスターでね、「買収されるぞ」と言うとるわけだ。「票を入れてくれたら、何か便宜《べんぎ》を図《はか》りますよ」と言うとるわけよ。なあ？

武田　そうですね。

源頼朝　ああ。だからね、君らは、本当は、言わねばいかんことを言うとるんだけれども、ほかの政党やマスコミ、国民からは、〝自己中〟政党だと思われてるわけよ。「自分らの意見や教義を、ただ述べてるだけだ」「右から左に述べているだけだ」と思われてるわけよ。

もっと言えば、幸福実現党なる政党があったとしてもだな、「そんなの、幸福の科学の教義を広げようと手伝いしているだけであって、自分らは考える力が何もないんだろう」と、あるいは、「政策担当能力や政権運営能力がまったくないんだろう」とも思われている。

まあ、同じ、そんな人は、ほかにもいっぱいいるけどね。だけど、「〝顔の見えている大臣〟とかに入《い》れれば、何とかするんだろう」ぐらいにしか思われてないし、当選してる人だって、全国的には無名の人ばっかりよ。

武田　そうですね。

源頼朝　そこの立候補地では、ちょっと、顔は街宣《がいせん》で知られてるかもしらんがな。武士《もののふ》が立って、「この国は腐《くさ》っている」とはっきり述べよ

源頼朝　やっぱり、このへんのところだな。

この国は腐《くさ》っとるんだ。だから、「腐っとる」っちゅうことを、もっとはっきり言えばいいわけよ。（政治家もマスコミも）〝逃《に》げて逃げて〟して。まあ、腐っとるんだ。ねえ？

この腐っとる国が、やっぱり……。いや、君らは、本当に、韓国《かんこく》の植民地になる気があるんかね？　君たちは、中国の植民地になる気があるんかね？（竹島上空に）ロシアの爆撃機《ばくげきき》が飛べるんだから、これが本当に爆弾《ばくだん》を落としてきたときに、「平和条約を結ばないなら爆撃する」と言われたときに、どうするんだね？

だから、まったくね、まあ、「話し合います。対策本部を立ち上げて考えます」と、そういう感じなんだろ？　やっぱりね、国として終わっとるよ。武士《もののふ》が立たねば。

武田　そのあたりの「私たちの訴え」とか、「国への迫《せま》り方」とか、そういったところが、まだまだ不十分なために、国を啓蒙《けいもう》できていないといいますか、動かせていないと思っています。

源頼朝　うーん。

6　日蓮宗《にちれんしゅう》と禅宗《ぜんしゅう》に見る「政治に対する宗教の役割」

世に容《い》れられなくとも、後世を見据《みす》えた活動をせよ

武田　もう一つお伺《うかが》いしたいのは、「政治と宗教」の関係についてです。頼朝様の時代は、特に、仏教の「禅宗《ぜんしゅう》」など、武士《ぶし》の精神に影響《えいきょう》を与《あた》えた宗教に重きを置きながら、国を治めていった時代でもあったと思います。

また、冒頭《ぼうとう》の大川総裁のお話では、「鎌倉《かまくら》時代というのは、祭政一致《いっち》の国であるイランの最高指導者の守護霊《しゅごれい》からも非常に注目されており、宗教とのかかわりが深い」というようなご指摘《してき》もありました。

このあたりは、これから、今の日本において精神革命を起こしていく上で重要

な論点かと思いますので、改めて、鎌倉時代の政治における「宗教の役割」というものを分かりやすく教えていただけますでしょうか。

源頼朝　鎌倉仏教もいろいろあったんだろうけど、たぶん、幸福の科学の立宗《りっしゅう》の経緯《けいい》から見るかぎりではね、日蓮《にちれん》なんかもずいぶん出ておったからさ。そうした立宗の経緯から見るかぎりは……。

鎌倉仏教のなかの「日蓮宗」が果たした役割っていうのは、「危機の預言者《よげんしゃ》」としての役割だわな。

彼自身の予言は、なかなか、政府（幕府）に、時の政権に容《い》れられなくてな、迫害《はくがい》……、まあ、伊豆《いず》の伊東《いとう》に流されたり、佐渡島《さどがしま》に流されたりしてさ。

現実には、それを一生懸命《いっしょうけんめい》、諫言《かんげん》したけど、聞かれなかった。まあ、これは、マスコミ的機能でもあるけれども、いや、本当に〝あれ〟だと思うよ。マスコミ

郵便はがき

料金受取人払郵便

赤坂局
承認

5565

差出有効期間
2020 年 6 月
30 日まで
(切手不要)

1 0 7 - 8 7 9 0

112

東京都港区赤坂2丁目10－14
幸福の科学出版(株)
愛読者アンケート係 行

フリガナ お名前	男・女	歳
ご住所 〒　都道府県		
お電話 (　　) －		
e-mail アドレス		
ご職業	①会社員 ②会社役員 ③経営者 ④公務員 ⑤教員・研究者 ⑥自営業 ⑦主婦 ⑧学生 ⑨パート・アルバイト ⑩他 (　)	
今後、弊社の新刊案内などをお送りしてもよろしいですか? (はい・いいえ)		

愛読者プレゼント☆アンケート

『源頼朝はなぜ運命を逆転できたのか』のご購読ありがとうございました。
今後の参考とさせていただきますので、下記の質問にお答えください。
抽選で幸福の科学出版の書籍・雑誌をプレゼント致します。
（発表は発送をもってかえさせていただきます）

1 本書をどのようにお知りになりましたか？

① 新聞広告を見て ［新聞名： ］
② ネット広告を見て［ウェブサイト名： ］
③ 書店で見て ④ ネット書店で見て ⑤ 幸福の科学出版のウェブサイト
⑥ 人に勧められて ⑦ 幸福の科学の小冊子 ⑧ 月刊「ザ・リバティ」
⑨ 月刊「アー・ユー・ハッピー？」 ⑩ ラジオ番組「天使のモーニングコール」
⑪ その他（ ）

2 本書をお読みになったご感想をお書きください。

3 今後読みたいテーマなどがありましたら、お書きください。

ご感想を匿名にて広告等に掲載させていただくことがございます。ご記入いただきました個人情報については、同意なく他の目的で使用することはございません。

ご協力ありがとうございました！

の言葉を使えば、いわゆる、「政党要件を備えてない政治団体」みたいなもんだと思うな、ほぼな。

「念仏宗みたいな邪教《じゃきょう》を追い出さないと、この国が滅《ほろ》びる」と言うてみたり、「元《げん》が攻《せ》めてくる」と言うたり、迫害を受けとるわな。弟子《でし》も殺されとるし、現実には、日蓮宗というのは、たぶん広がったときで二百何十人ぐらいで、（日蓮が）死んだときは、在家《ざいけ》を含《ふく》めて六十人か七十人ぐらいしかいなかったと思うけど。

それが今はさ、日蓮宗だけでも、もういっぱい割れてさ、「（信者数）八百万」、あるいは、「一千万」っていうのがあるわけだから。これは、八百年の歴史ではあるけどさ。

やっぱり、宗教っていうのは、そういう長い活動もあるから、ちょっと、イエスみたいなところもあるじゃないか、ある意味ではな。そういう意味での早すぎた預言者は、世に容《い》れられないのは当然だけど、やっぱり、後世を見据《みす》えた活動をしなきゃいけないと思うな。

だから、ちょっと、そういう面もある。

迎合《げいごう》せずとも、「武士《ぶし》の精神」と一体になった禅宗《ぜんしゅう》

源頼朝　あるいは、もちろん、武士《ぶし》政権と非常に関係があったと言われる「禅《ぜん》宗《しゅう》」だって、最初のうちは、そうではなかったからな。

道元《どうげん》とかは、鎌倉で政府（幕府）に取り入ろうとしたけれども、うまくいかなくて、そして、怒《おこ》って帰ってな、北陸でお寺を建てていたけどさ。永平寺《えいへいじ》を建てていた。

そして、あちらからの、何と言うか、「（土地を寄進するので）寺を建てて布教してもいい」みたいな感じのことを（弟子が）都《みやこ》から……、まあ、都じゃないけ

ど、鎌倉から後《のち》に言われて（帰って）きても、「その言ってきた弟子が坐《すわ》ってい
た道場の板間の下の土を、二メートルぐらい掘《ほ》って捨てた」っていうぐらいだか
ら、これ、すごく好き嫌《きら》いの激しい人だな、ものすごいな。そのくらい穢《けが》れてる
と思うぐらい。

それだけ「政権と距離《きょり》を取れ」というふうなものの考え方をしてた宗教が、武
士の「剣禅一如《けんぜんいちにょ》の精神」みたいなのと一体になってさ、けっこう精神的には入っ
ていくみたいなことも起きているから。

日蓮も、鎌倉政府に意見を通そうとして、要するに受け入れられなかった、今
の君たちのように。これで終わればね、今の君たちの状況《じょうきょう》ですけども。

道元だって、鎌倉布教できずに北陸に引きこもったけど、結局は、武士道の一
部に、全部なっとるわな。あの禅の部分がなかったら、やっぱり、明治維新《いしん》まで
の武士の精神は、残ってない部分もあるわな。

だから、両方に言えることは、「迎合《げいごう》してない」というところは言えるわな。日蓮だって、佐渡島に流されたあと、元寇《げんこう》が二回も起きてね、「やっぱり、おまえの予言は当たっとった」ということで、ご赦免《しゃめん》を受けてだな、それで、身延《みのぶ》山《さん》に入って、そこで、一部の人にだけ支えられて、外護《げご》されて、亡《な》くなったんだろうと思うけどさ。

それが、こんな大を成して、今、日蓮宗系の「在家の講《こう》」みたいな創価学会《そうかがっかい》がさ、まあ、今は勢力がちょっと減ってるけども、一時期、一千万票にも届くようなときもあったし。今はそんなにないだろうけど。六百、七百万も取れたらいいほうだろうけど、そのくらい取れるようになっとるわけだからさ。

教えとして総合化することも大事だが、錐《きり》のような鋭《するど》さも必要

源頼朝　やっぱり、そうだな、教えとして総合化することも大事だけども、大衆

布教というか、諫言するところにおいては、錐《きり》のような鋭《するど》さみたいなものも要《い》ると思うんだよな。

それから、一般《いっぱん》の人は、そこまでいろんなことについて知る必要はない。詳《くわ》しく知りたければ、マスコミとか勉強したら報道すればいいけどさ。あるいは、もちろん、自分で本を出して宣伝してもいいけどさ。

ただ、今、間接民主制にしかなっていない実際の投票においては、国民の耳には届かないから、やっぱり、「腐敗《ふはい》」「堕落《だらく》」から、それから、「自分たちの危険性」について、もっとはっきりした言葉で、もっと激しく、目立つかたちで言わなければいけないし、多少の受難《じゅなん》は覚悟《かくご》しないといかんよ。

で、落選することだけが受難だと思ったら、大間違《おおまちが》いよ。ええ？　お金をいっぱい払《はら》ってもろうて、落選して、給料は出て、また出てこられる。これ、もう、ゾンビか。「ゾンビ政党」と名前を変えれば、もしかしたら、票が増える可能性はあるかもしれない。「面白《おもしろ》い」って言って、何百万票、二百万票ぐらい入るかもしらん。もしかしたらな。まあ、そういうこともありだけどな、場合によっては。

だけど、ちょっとね、うーん、このままではいかんね。やっぱり、火がつくような「激しさ」は要るしさ、もうちょっと錐で突《つ》くような、一点に集中するような「強さ」も要るわな。

このへん、参謀《さんぼう》群もやや足りないし。

「総裁一人働きになっている幸福の科学は話にならん」

源頼朝　政党が駄目《だめ》なだけでなくって、宗教自体が、もう、総裁一人働きになって。いや、それも、言いたいことを言わせるならまだいいが、総裁に給料を稼《かせ》いでもろうて、さらには、自分たちが迫害されないようにガイドラインをつくって、護《まも》ってもらってるようなさ、余計なことを言って迫害を受けないように、護ってもらってるような状態になっとるように見えるわな。こういうのは弟子の本分ではないと、私は思うな。

先生が言いたいことを言って、迫害を受けたら、代わりに十字架《じゅうじか》に架かるのが弟子の仕事だろうが。

武田　はい。

源頼朝　ねえ？　だけどさ、「親方日の丸《おやかたひのまる》」だよ、これ、今のところ。こんなんじゃいかんわな。まったく話にならんわな。

7　武士道《ぶしどう》、明治維新《いしん》、そして今

時代変化を起こすために、仲間を増やすポイント

大川直樹　今のお話を伺《うかが》って、今の政治家やマスコミに対して、「武士道《ぶしどう》精神がない」と言いたいところですが、われわれにもまだ武士道精神が備わっていないというようなところを、厳しく反省させていただきます。

そのなかで、今後、仲間を増やしていくためのポイントをお訊《き》きしたいと思います。

冒頭《ぼうとう》でも、「鎌倉《かまくら》幕府の時代というのは、明治維新《いしん》のときにも似た革命・パラダイムシフトが起きたのでは」というお話もございました。明治維新では、「命

を懸《か》ける人材」というのが一つのキーワードとしてあり、そのような「命懸けで国を変えていこうとする人材」が全国から現れたことが、時代変化を起こしたのではないかと思っています。

頼朝様から見て、現代に、明治維新や鎌倉幕府のときのような時代変化を起こしていくためには、どういった心掛《こころが》けで、そのような仲間を集めていけばいいのか、お教えいただければと思います。

源頼朝　明治維新っていったってさ、結局、核《かく》になるのは、ごくわずかの思想家だな。佐久間象山《さくましょうざん》だ、横井小楠《よこいしょうなん》だ、吉田松陰《よしだしょういん》か。だいたい、核になるのは、このあたりだわな。このあたりで、私塾《しじゅく》を持ってった人もいるとは思うが、それは、〝文科省認定の大学〟ではないと思うよ。私塾だよ、ただのな。

当時は、文科省認可のものはないが、藩《はん》の認可のものはあった。だから、山口だったら、萩《はぎ》の明倫館《めいりんかん》か？　それが山口大学なんかどうか知らんけどさ。そこに秀才《しゅうさい》は集まっとったんだろう。そこへ行きゃ侍《さむらい》になれて、出世できたんだろうけど。

罪人扱《あつか》いされた吉田松陰が、執行猶予《しっこうゆうよ》付きで見張られているような状況《じょうきょう》でやってる私塾に通っておったのを累計《るいけい》したところで、どうだ、二百（人）行くかどうか知らんけども。同時には入《はい》れんから、常時、十人や二十人ぐらいが短期から長期に分かれていて、ずっといたのは数名程度かもしらん。本当に、ずっとつき従っていたのは。最後は、弟子《でし》まで破門しているぐらいだろう。

吉田松陰《よしだしょういん》が最期《さいご》に詠《よ》んだ二首の歌

源頼朝（吉田松陰《よしだしょういん》は）幕府に捕《つか》まって、送られて、首を斬《き》られとるわな。小塚《こづかっ》原《ぱら》かどうか知らんが。

●明倫館　長州藩《ちょうしゅうはん》の藩校。藩校とは、江戸時代、藩が藩士の子弟《してい》を教育するために設《もう》けた学校のこと。

それで、二首ほど歌を詠《よ》んでさ。何だったか、子を思う……、何だ？「親思ふ心にまさる親心今日のおとづれ何と聞くらん」か。

「いくら子供が親を思うても、その思う心よりも、親の子を思う心のほうが篤《あつ》かろう。それを思うにつけても、自分が死罪になって首を刎《は》ねられるっていう知らせがやがて行くだろうけれども、どういうふうに親は考えるだろうか」という。二十九歳《さい》、三十歳ぐらいまで自分を育ててくれた親の恩を思い出して、非業《ひごう》の死を遂《と》げて、まだ革命ならずに死んでいくことの、その無念さが入っとるわな。

それから、もう一つは、「かくすれば かくなるものと 知りながら やむにやまれぬ 大和魂《やまとだましい》」っていうて、なあ？　これが、維新の志士をブルブル震《ふる》わせた言葉の一つだわな。三十一文字《みそひともじ》っていうか、三十字余りの言葉だけど。

いや、こんなことをしたら、要するに、兵力もないのに革命を起こして、ねえ？　幕府の前に、今言った、山口県庁か知らんが藩の政府を焚《た》きつけて、さらには、「幕府を倒《たお》せ」っていう目茶《めちゃ》なことを言うようなことをしたら、それは捕《と》らえられて、獄《ごく》につながれて、処刑《しょけい》もされるだろうっていうようなことを知りながら、やる。さらには、捕らえられて、大した反応がないから、自分から、「老《ろう》中要撃《じゅうようげき》の計画があった」みたいな、死罪になることまで、わざわざしゃべる。

もともとは、あれだろう？　ペリーが来たときに、船を漕《こ》いで渡《わた》ろうとして捕まって……。海外渡航《とこう》の禁があって、それが、そんな大罪人になって。今から見れば、もう、お笑いだわな。こんなもの、今は北朝鮮《きたちょうせん》にしかないだろう。北朝鮮は、まだ海外渡航の禁はあるんではないかと思うが。中国でさえ、秋葉原《あきはばら》に買い物に来とるぐらいだからさ。

そんなものは、普遍《ふへん》的な目から見りゃ、間違《まちが》っとるに決まっとることだからさ。

「鎖国《さこく》さえしていれば安全」と考えた幕府と似ている今の日本

源頼朝　幕府は、長崎《ながさき》の平戸《ひらど》からオランダ経由で世界情勢を手に入れとったけど、それを自分たち自身は生かし切ることができないでさ。内部改革は少しはやっとったけど、それが、守旧勢力《しゅきゅうせいりょく》に……、まあ、今もあるとおりだよ。守旧勢力。「今までのままで泰平《たいへい》だった」と。もう三百年、まあ、三百年はなかったけども、「二百五十年以上、泰平が続いたんだ。鎖国《さこく》してるかぎり安全なんだ」という考えだわな。

今のによく似てるだろう？　今の。違うか？　マスコミや、それから「憲法を守ろう」ってやってる政党や、そういう学校の教員から国民の多数。なあ？　よく似てるよ。

鎖国さえしとれば安全で、外国に攻《せ》められないように、長崎の出島《でじま》で、ちょっとだけ、外国の情報を取るだけ取っといて。あとは、自分らは海に囲まれてるから安全と思って。「昔、元寇《げんこう》のときに神風が吹《ふ》いたから、何かのときには、また神風が吹くだろう」っていうようなもんだよな。

そのときには、坂本龍馬《さかもとりょうま》みたいなのが出てきてだな、やっぱり、「海軍をつくらな、これはいかんぜよ」っていうようなことで、海軍をつくる。上海《シャンハイ》とかな、あんなところで、欧米《おうべい》列強に清国《しんこく》が侵《おか》されていっているのを知って。「インドもやられた。ほかのところも、アジアの国も、どんどん取られとる。これは来るな」と。これが大局観な。

勝海舟《かつかいしゅう》もいたかもしんないけど。（大局観）がある人がいて、勝海舟みたいな〝裏切り者〟がな、幕府の要職に就《つ》きながら浪人《ろうにん》たちを養ってさ、「海軍をつくれ」って言って、やっとったんだろう。

要するに、改革しようとしたって、結局、守旧勢力は、「このまま続くのなら、これでもいいかな」っていうことだったんだろうからさ。

現代では新撰組《しんせんぐみ》も落ちたもの

源頼朝　新撰組《しんせんぐみ》も落ちたもんだよな。「（れいわ）新選組」が、今、「ホーキング博士の病気みたいなようなやつをどうにかしろ」みたいな、そういうことになっちゃったか。

武田　そうですね。

源頼朝　新撰組は、ああいうね、体が立たなくなるような人間をいっぱいつくるところだったんでね。斬って斬って斬りまくりだから、もう歩けへんで。なあ？　もう、腰《こし》を斬られたり、頭を斬られたり、首を斬られたり、足を斬られたり、手を斬られたりして、いっぱい斬られまくってね。大事な人材を、もう斬って斬って斬りまくっとるのよ。京都あたりでな。

武田　そうですね。

源頼朝　そして、残った人材で明治維新を起こしとるんだからさ、なあ？　まあ、それでもまだやれたぐらいなんだから、人材の不足なんか嘆《なげ》いちゃいけないのよ。

武田　はい。そうですね。

源頼朝　次から次へと出てくるもんでなきゃいけないんでさ。

三百年はもたずに倒《たお》れていった幕府

源頼朝　いや、君らね、やっぱり、まだ、根本《こんぽん》だと思うな。幕府だって、倒《たお》れるまで三百年はなかったと思うな、江戸《えど》も。二百六十何年ぐらいだろう。

武田　そうですね。

源頼朝　だけど、まあ二百五十年ぐらいで、もうガタが来て、こういう革命運動がいっぱい起きて、揺《ゆ》さぶっとったと思うけど。あの人たちが大勢死んでくれたおかげでさ、革命の志士たちが大勢死んでくれたおかげで、日本は清国、中国みたいにもならなかったし、インドみたいにもならなかったし。そういう人がいたからであって。

国内で戦って、海外とも戦う。要するに、下関《しものせき》戦争だの、馬関《ばかん》戦争だのいっぱいやってな、薩英《さつえい》戦争とかやった。

薩摩は英国と戦ったんだよ、あの藩一個でな。そして、外国の力を知ってさ、「このままではいかん」ということで、「密貿易してでも金を貯《た》めたやつで、どんどん近代化を進めなきゃいかん」。要するに、負けたらね……。

日本人のええところはこういうところなんだが。薩摩は英国に砲撃《ほうげき》されて、「これじゃいかん。勝てない」ということが分かって、琉球《りゅうきゅう》貿易して稼《かせ》いどったやつも、ふんだんにぶち込《こ》んで、「藩政改革をせないかん」と。長州《ちょうしゅう》だって、砲撃したら、逆にやられてな。「こらいかん」って、外国の力を知って、自分を変えようとした。

こういう、自分を変えようとしたのがいち早かったために、それが遅《おく》れた大幕府が、長州攻めを二回はやったかな？

武田　二回ですね。

源頼朝　世間《せけん》の常識からいったら、勝てるはずがない戦いだよな。

秋田県の現職落選は、明治維新《いしん》とは反対

源頼朝　今、やってるのは、これじゃなくてね、沖縄《おきなわ》が基地反対運動とかさ（笑）、こんなのやってる。秋田県がさ、保守の国の秋田県がさ、「イージス・アショア反対で、現職を落とす」みたいなことをやってるわけよ。それはちょっと反対だわな。明治維新《いしん》のときの地方の藩の侍たちが、「これはいかん」と思うたのとは反対をやった。

でも、（明治維新のときの）そうした田舎《いなか》の人たちがそう思った原因はどこにあるかというと、外国の実際の力の強さも知ったこともあるが、もう一つは、江戸とかに出てきて、塾だな。大坂《おおさか》や京都もあったかもしらんが、蘭学《らんがく》塾から始まってな、いろんな塾で、海外のことを勉強したり、語学もやって、それから、「どうやら武士の時代が終わる」ということを見通しとったっていうことだな。

これは大きかったわな。

チャンバラしつつも、「武士の時代を終わらせるための〝チャンバラ〟」だったんだよ。

だから、君たちは、チャンバラをしつつも、「この衆愚《しゅうぐ》政治を終わらせるための戦い」をしなければいけないんだよ。

武田　はい。

源頼朝　選挙戦をしつつも、この衆愚政を終わらせなければいけないんだよ。君たちは、「この間接民主制のマスコミ民主主義は、衆愚に堕《だ》している」ということを、やっぱり、はっきり認識しなくてはいけない。

武田　なるほど。

8　日本には革命が要《い》る

日本のマスコミには、「宗教が上にある政治」の意味が分からない

源頼朝　イランについても、ああいうイランのハメネイ師だの何だ？　ロウハニ師だのが言っていることが、日本のマスコミは解説が全然できない。

武田　そうなんですよ。

源頼朝　分からないんだろ？

●アリー・ハメネイ（1939 ～）　イランの宗教家、政治家。イラン革命に参加し、革命後は、国防次官、最高国防会議議長などを歴任。1981 年に大統領に就任。初代最高指導者であるホメイニの死後の 1989 年に、第 2 代最高指導者となる。

武田　はい。

源頼朝　宗教家が政治家をやって大統領をやり、さらにその上に宗教の最高指導者が載《の》っているっていうのが、分からないんだよ。これを解説ができないな？　意味が分からない。

武田　はい。

源頼朝　アメリカの強硬《きょうこう》派から見たって、こんなのは、要するに、独裁専制政治に見えとるんだよな。

武田　はい。そうですね。

●ハサン・ロウハニ（1948〜）　イランの政治家。テヘラン大学卒業後、イギリスのグラスゴー・カレドニアン大学に留学し、博士号を取得。イラン革命後に海外から帰国し、イラン空軍司令官、イラン国軍副司令官を歴任。2003〜2005年には核交渉責任者を務める。2013年、大統領に就任。

源頼朝　だから、宗教の名の下《もと》に、民《たみ》が黒いベールをかけられてね、そして、ときにはテロをやらされたりしているように、そんなふうに見えとるんだよ、彼らから見たらな。だから、「宗教が上にある政治」が分からない。

日本にもあったんだよ。まあ、明治維新《いしん》でもう一回やり直したけど。

もっと言えば、二千七百年な、天皇家があっての幕府とか、いろんなものが続いてきた。いろんな政体が変わっても、「信仰心《しんこうしん》は、その〝上〟にある」という。

天皇っていうのは、天照大神《あまてらすおおみかみ》様から御神器《ごしんぎ》を戴《いただ》いて、それを代々伝える家系なんで。で、その三種の神器を戴きつつ、天照大神を地上においてお護《まも》りし、その〝霊力《れいりょく》を引くためのアンテナ〟が天皇家であったわけよ。

先の敗戦で、この精神がまったく失われてしまってるわけよ。

武田　そうですね。

源頼朝　だから、今、「象徴《しょうちょう》天皇制」とか言うて、まあ、国民の人気を取りゃあええと思ってさ、正月に手を振《ふ》ったり、誕生日に手を振ったり、あるいは被災地《ひさいち》のところへ行って、体育館で話をするだとか、コンサートを開いてみたりとかさ、外国の元首が来たときにフランス料理を何回も食べるとかさ、そんなことをやっとるけども、「本来の仕事はそうではなかろうが！」っていう。そんなの〝付属品〟でしょうが。本来の仕事はそうじゃない。

だから、首相の仕事とこれね、どっちがどうだかよう分からん。大統領でもない。首相の上に立っている政治機関でもない。宗教機関でもない。何も分からん。

憲法改正は、九条だけでなくてな、政教分離《ぶんり》のところの、あそこも改正しなけりゃいかんのだよ。あれが間違《まちが》っとるんだからさ。間違ってるんだから。

●政教分離　憲法20条1項に「信教の自由は、何人に対しても これを保障する。いかなる宗教団体も、国から特権を受け、又は政治上の権力を行使してはならない。」とある。

だから、「イランの体制が、さらに近代化した日本」をつくらなければいけない。宗教は上でなきゃいけない。

「言葉」と「思想」と「行動」で、この国を変えていけ

源頼朝　今、皇室も存続をかけた戦いになってる。令和が、皇室の最後になるかならないか、かかってるわけだからさ。

まあ、言いたくはないが、現代の天皇制の立憲君主制みたいなのをつくったのは、明治の伊藤博文《いとうひろぶみ》という〝ひげの親父《おやじ》〟だけどさ。

これは、外国の一神教に相当するものをつくろうとして、現人神《あらひとがみ》をやらせとったんだけども。まあ、頭にちょっと問題があったでな。だから、実権を持たせたら、戦争で負けてしもうたわけだ。まあ、はっきり言やな。

それで、そのあとの立て直しができとらんわけよ。高天原《たかまがはら》も再構築ができとら

んけども、信仰体系ができとらん。「政治」と「信仰体系」との、この融合《ゆうごう》ができとらん。だから、日本の国体が元に戻《もど》っとらんのだよ、まだ。直っとらんのだよ。ここも直す必要があるので。

いやあ、日本は、今こそ革命が必要なときだよ。

別に、オウムみたいにね、「サリンを撒《ま》け」なんて言ってるわけじゃないよ。

武田　はい。

源頼朝　君たちは、やっぱり、「言葉」と「思想」、そして、「行動」で、この国を変えなければならない。〝言葉の銃弾《じゅうだん》〟で変えなきゃいけない。あるいは、〝活字の銃弾〟で変えなければならないんだよな。

君らはまだ武士道《ぶしどう》における「不惜身命《ふしゃくしんみょう》」になっていない

源頼朝　だからさ、「不惜身命《ふしゃくしんみょう》」が、まだ理解できていないんじゃないかなあ。うーん、そう思うな。

上村　やはり、鎌倉《かまくら》時代以降の武士道《ぶしどう》精神や明治維新期の大和魂《やまとだましい》など、そうした部分が日本の精神的高みを表す代表的なものだったのではないかと思います。そして、現代……。

源頼朝　君たちさ、「不惜身命」っていったって、なあ？　「パワハラ」だの「セクハラ」だの、まあ、「何とかハラ」だの、もう、こんなのがいっぱい蔓延《まんえん》しとるじゃないか！　なあ？

上村　はい。

源頼朝　何が不惜身命なんだ。わしらの時代はさ、剣《けん》を抜《ぬ》いて戦うから、負けたら死ぬんだよ。だから、不惜身命は全員なんだよ！　武士道なら、全員、不惜身命なんだよ。負けたら殺されるんだからさ。命を失うんだよ。だからな、全然、不惜身命なんかになってないんだよ。

上村　そうですね。

源頼朝　ええ。だからね、いや、優《やさ》しい時代になったのはよく分かるよ。どんどんどんどん、そっちへ流れていってんだよ。ねえ？

男同士が結婚《けっこん》したり女同士が結婚したりして、「その権利を広げよう」とか言ってるんだろ？

昔なら、もう、日本刀を引っ提《さ》げて殺しにいかなきゃいけないぐらいの軟弱《なんじゃく》さであってね。「こら！　おまえらは国を潰《つぶ》す気か。国賊《こくぞく》め！」って言うて、日本海に蹴《け》り出さなきゃいけないぐらいの。「おまえらみたいなやつは、もう、どっかもっと軟弱な国へ行け！」っちゅう感じだな。

「イランにおいても、ロシアにおいても許されないようなことを、この武士《もののふ》の国で何をするか！」っちゅう。なあ？「男として生まれたなら、日本刀を一本提げて生まれてきとるだろうが！　その日本刀を使わんと、どうするか！」という、まあ、やっぱりね、そういう精神棒を入れないかんでね。

宗教としてもね、ほかの宗教は、もうほとんど軟派系っていうか、〝優しい系〟

に流れとる。

で、アメリカのマスコミから芸能系もそっちへ流れとると思うけどさ、今、必要なのは、頑固《がんこ》親父のほうだと思うよ、私はね。

軟弱なほうに流されて、そして、財政赤字を一千百兆円もつくっとるんだよ、ばら撒いてばら撒いて。稼《かせ》いでもなくて、ね？　税金も納められんのに、そんなね、本当に生活保護ばっかり、「おまえら日本人は全員乞食《こじき》か！」って、やっぱり言わないかんですよ。

だからね、もう、ほんとに、「ちゃんと働け！」っていうのよ。「〝働き方改革〟って、何だ！　これは」って、こんなもん。「首相自《みずか》ら、ゴルフなんかやっとらんで、田んぼを耕せ！」っていうのよ。ねえ？

武田　そうですね。

富国強兵をしない日本を外国が蹂躙《じゅうりん》するのは簡単

源頼朝　皇后陛下《へいか》が「蚕《かいこ》が怖《こわ》くて養蚕《ようさん》ができん」と言ったら、そんなの、もうモンペ穿《は》かせて「無理やりにでもやらせろ！」って。それが日本の精神なんだからさ。それから国の豊かさはつくられたんだから。

富国強兵だろうが！　それをやらんで、外国に吸収されんで済むと思うとるのか。もう近隣《きんりん》の国は、日本なんか蹂躙《じゅうりん》しようと思ったら簡単にできる状態になっとるんだからさ。

イスラエルっていう国はさ、もう核《かく》武装して、イスラム諸国を脅《おど》してるかもしらんけれども、あそこだって数は少ないんだからさ、八百万ぐらいしかいないんだから、本当に地上を侵攻《しんこう》して攻《せ》められたら、地中海に追い落とされるわけよ、全員。なあ？　八百万ぐらい追い落とすの、わけがないことだから。地中海に追い落とされてさ、そして、難民になるしかないんだよ。また、どっかにボートピープルで逃《に》げるしかないんだよ。

それを知ってるから、あれだけ軍備拡張してやりまくっとるわけよ。だから、ほかのところを占領《せんりょう》してでも、国を護るぐらいのつもりでやっとるんで。

まあ、別に、その是非《ぜひ》は言わんけどさ、「国を護る」ということは、いちおうそういうことよ。

韓国《かんこく》の本心は日本人を徴用工《ちょうようこう》、慰安婦《いあんふ》で使うこと

源頼朝　このままだったら、（日本人は）太平洋側か日本海側かは知らんけど、追い落とされるしさ、下手《へた》すりゃ、君らは、あの韓国《かんこく》の文《ムン》大統領の言うとおりなら、徴用工《ちょうようこう》として連れて行かれるよ。

武田　そうですね。

源頼朝　朝鮮《ちょうせん》半島が南北合併《がっぺい》したら、経済的に疲弊《ひへい》するのは決まってるからさ、奴隷《どれい》階級が必要だわな、国をもう一回つくり直すためには。

そのための徴用工として、君たちは強制連行されて、日本の婦女子はみんな従軍慰安婦《いあんふ》と化す。それが彼らの本心だ。な？

武田　はい。

源頼朝　韓国、それから北朝鮮合同、朝鮮統一軍ができるから。そのときに、日本人の婦女子を連れてきて、まあ、年齢《ねんれい》が高い者は助かるかもしらんけれども、四十（歳《さい》）未満の者はだいたい連れて行かれると思わないかんわな。

武田　そうですね。

源頼朝　だから、自分らは（従軍慰安婦として）もう十二歳、十三歳で連れて行かれたという像をつくっとる以上、中学生から連れて行くつもりであろうから。日本の中学生から四十ぐらいまでの女性は、韓国・北朝鮮に連れて行かれて、慰安婦にされて。あとは、統一朝鮮軍は戦争を始めるんだろうから、その軍に従軍させて、慰安所を開かせて、ちゃんと復讐《ふくしゅう》するつもり。

前の大統領が「千年間、恨《うら》みは忘れん」って言っているんだから、それはやるだろうよ。そのつもりでいるんだよ。うん。絶対にな。

武田　なるほど。

●前の大統領が……　2013年3月、当時、韓国の大統領だった朴槿惠《パククネ》は、「3.1独立運動」の記念式典において、日本に対し、「加害者と被害者という立場は、1000年たっても変わらない」と演説した。

竹島へのロシア機侵入《しんにゅう》はプーチンから日本へのラブコール

源頼朝　だから、ロシアが爆撃機《ばくげきき》をわざわざ飛ばしてさ、「竹島を爆撃したろうか」って、まあ、言ってるんだ。打診《だしん》してんのよ。「(日露《にちろ》)平和条約を結んだら、こういうことができるけど、やりましょうか」って言ってんのよ。

いや、韓国軍がミサイル(実弾)を撃《う》ったよ。撃ったけど、「いや、本気で(ロシアの爆撃機を)落としたら、こちらは核ミサイルを韓国に撃ち込むよ」というう。あっちはそういう考えだからね。

だから、あれはプーチンの「ラブコール」なんよ。

武田　なるほど、なるほど。「ラブコール」なんですね?

源頼朝　ああ。だから、「日本は、『竹島は自国のものだ』と言ってるのに、何もできないんだろ？　爆撃機で爆撃したろうか？　〝誤爆〟したらいいんだろう？」と。

武田　なるほど。

源頼朝　ほんの何発か落とせば終わりなんだから。

そんな、（竹島は）岩の塊《かたまり》なんだから。問題が残るなら、岩ごと吹《ふ》っ飛ばしてもう海面に出ないようにしてやってもええわけだからさ。そしたらなくなるんだから、国際法上、島じゃなくなるので、海面に出ないんだったら。うーん。

武田　なるほど。

源頼朝　それでもいいし、（韓国の）駐留軍《ちゅうりゅうぐん》は少ないからさ、大した数じゃないから。そんなの、ロシアからしたら、あんな……（笑）、あんなの皆殺《みなごろ》しするのは一晩だよ。もう、一晩で全員殺せるから。なあ？　そのぐらいできなきゃ、ウクライナなんか取れないよ。そりゃあやりますよ。あっという間にやりますよ。だから、「いつでもできますよ」って、あれ、いちおう「ラブコール」も入っとるよ。

武田　はい。

源頼朝　もちろん、逆に米国の戦力を遠ざける意図も、まあ、あるけどね。

武田　そうですね。

源頼朝　（日本が）米国に〝ベッタリ〟だったら、日露の平和条約が進まないのは分かってるから。

米国を信用できないのは、その日韓関係になったら、米国は何もできない。（トランプは）「両方が『アメリカに仲裁《ちゅうさい》してくれ』って言うんなら話に乗ってやる」と言ってるけど、そんなの、乗れない。たぶん乗れないし。

トランプも軟弱なことに、まあ、金正恩《キムジョンウン》に会いに北朝鮮の土を踏《ふ》んだ大統領。「ノーベル平和賞」がそんなに欲《ほ》しいんか。粘土《ねんど》でつくってぶら下げとりゃええんだから、そんなもん。

日本で賜杯《しはい》つくって横綱《よこづな》に渡《わた》したんだから、自分らでつくったらええよ。ホワイトハウスでつくった〝ノーベル平和賞〟をぶら下げときゃええ。もっと大きいやつをぶら下げときゃええ。

だから、そんなもんに屈《くっ》してはいけない。

長生きしたければ家族制度を守れ

源頼朝　ノルウェーだかスウェーデンだか知らんけど、日本だってほとんどそうだろ? 社会福祉《ふくし》っていうのは、あんな北欧《ほくおう》みたいな国にしようとしとるんだろ?

武田　そうですね。

源頼朝　理想の国かどうか、よう見たらええよ。ねえ? 実質上の税金も、そういう負担も含《ふく》めて、七割ぐらいの負担になっとるんだろう？　だから、一千万の収入があったら、七百万は税金および社会保障のために、いろいろ取り上げられとるんでしょ？　で、三百万でみんな暮らしてる。ただ、（日本政府も）「ゆりかごから墓場《はかば》まで、面倒《めんどう》を見ますよ」ということで、「教育の無償《むしょう》化とか、老人のあれまで見ますよ」って言うんだけど、その社会が、本当に君らの「理想の未来」なのかっちゅうことだな。

スウェーデンとかはさ、聞いてみりゃ、生まれてくる子供の半分以上は「両親は結婚しとらん」と言っとるのよ。ハッ！「親なし」で生まれてくるんですか。

武田　そうですね。

源頼朝　まあ、〝フリーセックス教〟だよな？　まあ、フリーセックスかどうかは知らんけど、少なくとも、「結婚なんていう面倒なことはもうしない」っていいうことだよな。

だから、事実上、男にも扶養《ふよう》義務はないんだよ。嫡出子《ちゃくしゅつし》でないのが半分以上。だから、親が結婚して、認定できるのは半分以下しかいない。

それであってもさ、日本の、結婚して子供が生まれても、また離婚して母子家庭になって、お母さんのほうがアルバイト程度しかできねえから、みんな国が養わなきゃいけない。何て言うの？　いわゆる「ワーキング・プア」って言うんか？　まあ、そんなのばかりがいっぱいいるっていうことだよ、まあ、言えば。「そんな国にしたいんか」という。それは、国が面倒を見なきゃいかんようになるだろうけど。

だから、家族制度をちゃんと守れるように、もっと頑張らないといかんし、長生きしたかったら、家族制度をちゃんとつくらないと、長生きできない。それが、儒教《じゅきょう》的に見て当然の考えだろうからさ。

「子供は国家の所有物」とする共産思想のもとは無責任男・マルクス

源頼朝　この前も何かちょっと言ってたようだけど、選挙でそのへんの政策論議がまったく出てもないよな。

武田　ないですね。はい。

源頼朝　それで、「子供をつくったら、全部、国家が面倒を見ます」みたいなことを言ってるんだろう?

武田　はい。

源頼朝　それって、中国や、かつての旧ソ連で言っとったことだからさ。共産主義国では、子供は国家の所有のものでね。

だから、「国家に預けて共働きするのが当然だ」っていうような、そういう国では、離婚率は五割ありましたけどね。

まあ、（今の日本も）そんなことをやろうとしてるんでしょう？

だけど、これはね、マルクスっていうおっさんがね、私生児、要するに、結婚もしてるのにほかに子供をつくってね。共産党のその〝教祖〟はね、お手伝いさんに子供を産ませて、それを友人のエンゲルスに全部育てさせて、自分は責任を取らなかった人間なんだよ。

そういう人間のつくった思想が共産主義なんだよ。「国家が面倒を見ろ」っていうのは、まあ、そういうことなんだよ。そういう「無責任男がつくった思想」なんだよ。

武田　はい。

源頼朝　だから、今の日本共産党が言ってるようなことだって、あんなもの、「国が財政赤字なら、金持ちから取ればいいんですよ」と言ってるだけなんで。「金持ちから取りゃあいい」っていう。

それは、あるように見えるから取れるよ？　だけど、結局、それは、「働いても全部取られる」というだけのことでしょ？　だから、働かなきゃ取られないんで、それで人間がどうなるかって見たら、そら、働かないで国から補助金をもらうほうが、やっぱり楽は楽だよな。

武田　はい。

源頼朝　そうしたら、これ、もう、永遠の〝擂鉢地獄《すりばちじごく》〟ですよ。抜けられないですよ。だから、明治以降の精神？　「富国強兵の精神」は完全に敗れ去る。宗教も含めて、国のあり方や基本的な精神も含めて。

日本は北欧《ほくおう》を理想とすべきなのか、世界の情勢をよく読め

源頼朝　それから、「自助努力の精神」は、大英帝国《ていこく》が繁栄《はんえい》していたときに流行《はや》っていた精神だけど、先の戦争あたりのころから労働党の力が強くなって社会主義化してきたら、イギリスがどんどん下り坂になってきて、ヨーロッパも下り坂になって、EUで連合……、実際は〝弱者連合〟をつくった。まあ、あれは〝生活協同組合〟ですよ、EUの本質はな。

生活協同組合になったのを、今、イギリスが離脱《りだつ》しようとしてるけども、これ

は取られるほうが多いということが分かった。要するに、豊かな国が三カ国ぐらいしかないからね、三カ国。

これ、取られるだけになるという。北海油田があるからさ、北海油田が見つかって、石油が取れる。もうちょっと豊かになる可能性がある。実は、これが（EUに）取られるから早く離脱しようとしとるんだからさ。

だから、（日本は）よく、世界の情勢も読んでからやったほうがいいよ。

そういう、北欧《ほくおう》を理想化するのが菅直人《かんなおと》とかそういう人たちだったし。中国を理想化するのは、鳩山由紀夫《はとやまゆきお》みたいな人だからね。やつらのボンボン思想は根本的に狂《くる》ってるものがあるから。

9　甘《あま》えを断《た》ち、革命を起こせ！

「君たち、もっと大きな使命感を持て」

源頼朝　もう一回ね、平氏《へいし》を壇《だん》ノ浦《うら》で絶滅《ぜつめつ》させてでも、武士《ぶし》政権、武士の世をつくって、日本を護《まも》るぐらいの荒療治《あらりょうじ》をするか。明治維新《いしん》のように、藩《はん》が幕府を倒《たお》すみたいな大それたこと、二百五十年以上続いた体制を壊《こわ》すなんて、そんなのできそうにないことだけど、自民党政権なんて二百五十年も続いていませんからね。

武田　はい。

源頼朝　ええ。戦後、保守合同以降、わずか四十年ぐらいやって、いったんばらされて、またもう一回できてきていることですけどね。

あとは、日蓮《にちれん》（正《しょう》）宗《しゅう》の信徒がつくった在家《ざいけ》団体である創価学会《そうかがっかい》の、銭儲《ぜにもう》けの手段である公明党。だから、「政治活動」が即《そく》「宗教活動」であって、政治のための兵糧《ひょうろう》を集めることがお布施《ふせ》を集めることになって、彼らは、要するに、幸福の科学で言えば、「幸福実現党の兵糧のため」に宗教活動をやっているんだよ。銭を集めて、選挙をやって、議席を取る。それで八百万票に届いたら、「八百万世帯いる」と言って教勢が多いように見せてるけども。

実際上、宗教じゃないんで。宗教法人は、本山《ほんざん》に破門されたからなっとるけども、それは政治的な力で取ってるだけであって、実際は、「友人葬《そう》」とか何かするぐらいで、あとは「南無妙法蓮華経《なむみょうほうれんげきょう》」誦《よ》むだけだわな。実際上、宗教ではない。宗教の定義に当たってないわな。

だからね、君たちね、もっと大きな使命感を持ったほうがいいよ。

武田　はい。

「すべて大川師任せ」の甘《あま》えを断《た》ち、もっと弟子《でし》が進めていけ

源頼朝　あっ、わしばっかりしゃべっとるな。

武田　いえ。

源頼朝　うん。これはいかんな。何か質問あったかな?

武田　そろそろお時間も来ているんですけれども、今日は、「源頼朝はなぜ運命

を逆転できたのか」というタイトルを頂いています。

私たち幸福実現党は立党十周年を迎《むか》えていますけれども、国政においてはまだ当選者を出せていない状況《じょうきょう》ではあります。

源頼朝　うん。

武田　しかし諦《あきら》めず、これからも選挙で戦い続け、国をよい方向に導いていきたい、精神革命を起こしていきたいと思っております。

そこで、滅亡寸前にまであった頼朝様が、何十年という時間をかけて、新たな世を開いたことに対し、「なぜ、運命を逆転できたのか」という観点から、最後に、私たちにメッセージを頂けたらありがたいと思います。

源頼朝　イランで言うと、最高宗教指導者が上にいて、その下に宗教者の大統領がいるわけよね。

だから、（大川隆法総裁の）弟子《でし》たちは政党をつくってるけどさ、政策から何から全部、総裁がつくってくれるもんだと思うとるし、世間《せけん》は、「本当に政治をやりたいんだったら、大川隆法がやればいいんじゃないか」というふうに思っとるけども、だから負け続けとるんよ、ずっと。

だからね？　釈《しゃく》党首、まあ、党首が続くんかどうか知らんけどもさ、やっぱり、ロウハニ師が大統領、実務のところをやれなきゃいけないわけで。

大川総裁は、ハメネイ師の（ように）宗教的な精神が政治の上に載《の》っている、まあ、日本的に言や、地上に降りたる天照大神《あまてらすおおみかみ》かもしれないし、天御祖神《あめのみおやがみ》かもしれないし、よくは分からんけども、そうした宗教的な精神を体現した存在であるんでね。

武田　はい。

源頼朝　だから、「大川師が政策を出して、大川師が言論でもって敵を倒して、票を集めて、大川師が講演して、大川師が街宣《がいせん》して、そして、勝てたらいいんだ」っていう、そういう甘えがあると思うんだよ。この隙《すき》のところを狙《ねら》われているんだ。

「弟子たちが頑張《がんば》らなきゃ駄目《だめ》なんだ」っていうことを知らなきゃいけない。

キリストだって自分が死んだときは、弟子はほぼ壊滅《かいめつ》状態、十二弟子さえ壊滅してるような、逃《に》げ回った状態なんだから。そこから、キリスト教二十億人が、今、できてるんだからさ。

武田　はい。

源頼朝　「法を説くは師にあり、法を弘《ひろ》めるは弟子にあり」って言ってるんだからさ。実行するのは自分たちなんだよ。自分たちでもっと進めなきゃいけないんだ。

「まさか、幹部でチンタラ遊んでるやつはいなかっただろうな?」

源頼朝　どうして目標をつくって、その目標管理をしない?　例えば、目標は、今回（参議院選比例区）は百五十万票から二百万票だったはずだよ。何だ、（幸福実現党の得票）二十万票っていうのは。ねえ?　恥《はじ》を知るべきだよ。

武田　はい。

源頼朝　ねえ？　こんなの、宗教でもないし、宗教政党でもないわ！　こんなものは。「亡《な》くなった英霊《えいれい》の数ですか」って訊《き》きたくなる。「二十万人ぐらい死んだんですか、政権を取るために」と訊きたくなるね。うん。

だからね、根性《こんじょう》が入っとらんわ、全然ね。ちょっと、自分らの頭で考えて、足で稼《かせ》ぎなさいよ。

要するに、「票数を見て、教団の顔に泥《どろ》を塗《ぬ》っていることぐらい、分かれ！」っていう。

「まさか、選挙活動中にチンタラチンタラ遊んでいる人間なんかいなかっただろうな？」と言いたいけどね。まさか、幹部でそんなチンタラ遊んでるやつはいなかっただろうなとは確認しておきたいけどね。

ちゃんと働いておったのか？　毎日、誰《だれ》に会ったんか。何人に会ったんか。何人に演説したんか。ええ？　説法《せっぽう》したの？　セミナーやったの？　日報《にっぽう》ぐらい書かせろよ！　ねえ？　そして、週報《しゅうほう》、月報《げっぽう》を書かせろよ！「政党の考え、政策を何人に伝えました」と、ちゃんと報告しなさいよ。

武田　うーん。

源頼朝　それがさ、ええ？「四十万人ぐらいしか届いてない」とかさ、「四十五万人ぐらいにしか届いてない」とか言ってたら、当日、投票しないのが出てくるんだから。今回みたいに、半分も、五十パーセントも投票しないんだったら、票を見たら二十万ぐらいになるだろうよ！　実際に、四十万ちょっとしかぐらいしか届いてないんだからさ。会ってないんだから。ええ。日報を書かせろよ。月報を書かせろよ。何人に会ったんですかと。候補者にも全部、書かせろよ、ちゃんと。

武田　はい。

源頼朝　ねえ？　それが百五十万から二百万に届いてもなかったら、「入るはずもないでしょうが」っていうの。うん。

で、それだけうねりが出てきたら、次はマスコミのところへも攻勢《こうせい》をかけなきゃいけないでしょうし、それだけうねりが出てきたら、知名度のある人にも声をかけて、「一緒《いっしょ》に戦いませんか」と言わなきゃいけないだろうし。

武田　はい。

源頼朝　仲間内ばっかりで酒を飲んだって、票は一票も増えませんよ？　いいですか。

武田　はい。

源頼朝　信者にお酌《しゃく》して回ったって、一票も増えませんよ？

武田　はい。

源頼朝　だから、それを知らなきゃいけないわね。内弁慶《うちべんけい》になっとるわ。なあ？　こんなので革命は起きませんよ。

武士道《ぶしどう》のもう一つの姿は「さらしを巻いて割腹《かっぷく》」と考えておけ

源頼朝　定年まで給料が出りゃあいいと思ってるんだったら、まあ。武士道《ぶしどう》のもう一つの姿はね、「さらしを巻いて割腹《かっぷく》」っていうのが、もう一つあるからね。それも考えといたほうがええよ。ねえ？

やっぱりね、「命を懸《か》ける」っていうことはね、そんなね、「軽いことではないんだ」ということですよ。いいかな。「自分たちに責任があるんだ」ということを、各自、自覚しなくちゃいかんのだよ。

だって、向こうは源氏《げんじ》を皆殺《みなごろ》しにできたのに、なぜかまだ幼い子だけを生かしてしまったというその甘さのために、最後は逆襲《ぎゃくしゅう》されて壇ノ浦で全滅なんだから。

武田　そうですね。

源頼朝　な？　その若い者を、ねえ？　小学生、中学生ぐらいの者でも、大人になるんだよ。ねえ？　十八歳《さい》以上は投票権があるんだよ。それはね、そのへんの思想は、若い人たちからもっと始まってなきゃいけないんだよ。

武田　はい。

源頼朝　まさかね、幸福の科学学園とかＨＳＵとか、そんなところで学んだ人たちが、松下村塾《しょうかそんじゅく》に劣《おと》るような、そんな軟弱《なんじゃく》な精神であろうはずはないと、私は思うておるがな。

武田　はい。

源頼朝　ちゃんと応《こた》えられるかな。

武田　そうですね。そうだろうと信じています。

投票したくもない信者を押《お》さえ込《こ》むことばかり考えていないか

源頼朝　いかんなあ、やっぱり、わし一人、しゃべっとるな。うーん、いかんいかん。うん。

まだ何かあったか？（上村に）君、何しに座《すわ》っとるんだ、そこに。

上村　いや（笑）。

源頼朝　「負け方の研究」でもしとるんか。

上村　やはりですね、今回、七海《ななみ》ひろこさんですとか、若い世代の人材も活躍《かつやく》されて……。

源頼朝　七海ほどの美人でさあ、ええ？　東京で一番を取ったのは……。

武田　丸川珠代《まるかわたまよ》さん。

源頼朝　〝丸珠《まるたま》〟、百万超《こ》えたんだろう。

武田　はい、そうですね。

源頼朝　ええ？　十年ちょっと前、幸福の科学だけが応援《おうえん》して当選した人だな。まあ、〝元・美人〟だろうけど、年齢《ねんれい》的に見りゃあさ、競争すべきは釈さんであって、七海さんみたいな若い美人ではないわ。七海さんの票のほうが多くたって、おかしくはないわけよ。

武田　そうですね。

源頼朝　やはり、まだまだねえ、いやあ、ちょっと、甘いんと違《ちが》うかねえ。いやあ、七海さんは、そらあ百三十万票は取らないといかんでしょう！　当然。

だから、考えがみんな小さいんじゃねえかなあ。嫌《いや》がって投票したくもない信者をどうやって押《お》さえ込《こ》むかということしか、みんな考えてないんじゃないかな。

そんなふうにしか見えない。

今回、信者も自民党にそうとう投票してるからね、うーん。あるいは、自民党以外に投票してるのもそうとう多いと思うよ？　立候補もしてないからね。

武田　はい。

「もうちょっと足で稼《かせ》がないといかんよ」

源頼朝　それから、まあ、比例になったら入れたくないと。（幸福実現党は比例区に）三人しか立てんかったけど、「この三人の好感度がどうか」っていう問題もあるからさ。

票数を見てね、あと、家にもうちょっと大きな鏡を入れなさい。で、毎日自分の顔を見て、少しでも好感を持たれるような笑顔がつくれるように努力をしなさいよ。

武田　分かりました。

源頼朝　YouTube《ユーチューブ》だけで票が入ると思うとるんか。YouTuber《ユーチューバー》なんか百万も二百万もフォロワーがいたって、ねえ？　もう、十票しか入らん場合もあるんだからさ。もうちょっと足で稼《かせ》がないといかんよ。

武田　はい。

源頼朝　実際に会ったら嫌《きら》われるんだったら、あのね、そんな、人と会うのが嫌いな人が観《み》てるようなものでね、票なんか取れないよ。そう思ったほうがいいよ。

握手《あくしゅ》したらね、その人は一票入るんだよ。だけど、その人にほかの人が握手したら、三人が握手したら入る確率は三分の一になるんだよ。だから、三人が握手したら、あとの二人よりも好感を持たれないかぎり、入らなくなる。しかし、自分一人しか握手してなかったら、その票はその人に入る。このへん、分かっとるかな。

武田　はい。

源頼朝　うん。だから、立候補者たちはね、自分の行動記録をちゃんとつけて、何人と会ったか。「握手した数以上は入らないんだ」ということだ。講演会で聴《き》いただけだったら、そのうち何分の一しか入らないけど、まあ、ゼロではないがな。予備軍にはなるけどね。そして、母親に票を入れさせたかったら、子供の頭をなでて手を握ってやることだ。そうしたら、母親の票が入る。

武田　なるほど。

源頼朝　母親が熱心になったら、父親の票が入る。な？　このへん、知ったほうがいいな。

いいかね、だから、何人と会ったか、ちゃんとつけなさいよ。なあ？　それが「何人斬《き》ったか」という記録と一緒だから。

武田　一緒なんですね。

源頼朝　ええ。戦闘《せんとう》においては、何人の軍勢と戦って、何人倒したかというのと同じだな。革命なんだ。

武田　はい。分かりました。

源頼朝　まあ、警察に追い回られない程度の革命なんだよ。

武田　革命ですね。分かりました。

「平家《へいけ》を倒《たお》す」とは、各党まとめて全部倒すぐらいの仕事

武田　本日は、具体的なアドバイスから精神指導まで頂きまして、本当にありが

とうございます。

源頼朝　うん。このままでは、釈量子《りょうこ》は地獄《じごく》行きじゃ！　もう。うーん、このままでは地獄行きじゃ。まだ寿命《じゅみょう》がちょっと残っとるから、ほんまに頑張れ。

武田　はい。頼朝様のお言葉をしっかり受け止め、私たちの甘さ、弱さを本当に反省して……。

源頼朝　「平家《へいけ》を倒《たお》す」っていうのはね、自民党に、立憲民主党に、国民（民主）党に、維新の党（日本維新の会）に、公明党？　まとめて全部、倒すぐらいの仕事なんだからね、言っとくけど。

武田　全部ですね？　自民党を含《ふく》めて全部。

源頼朝　はい。まとめて全部。全部、倒すことだからさ。

武田　はい。それでは、そうした気概《きがい》をもう一度つくって戦ってまいります。

源頼朝　うん。気合いを入れろ！

武田　はい！

源頼朝　で、ちゃんとやるべきことをやれ。

武田　はい、分かりました！
　本日はまことにありがとうございました。

源頼朝　はい。はい。

10　幸福実現党よ、発奮せよ

大川隆法　（手を二回叩《たた》く）なかなか、しっかりした方でした。

武田　そうですね。

大川隆法　さすが、男らしい！

武田　男らしい。はい。

大川隆法　この人に〝一夫一婦制〟をさせた、北条政子《ほうじょうまさこ》という人も、そうとう剛《ごう》の者であったでありましょうな。

これは、そうとう男ぶりがよろしゅうございますから。

ああ、釈《しゃく》さんにも本当に刀を一本あげたい！

武田　そうですね。

大川隆法　今のままでは〝地獄行《じごく》き〟だそうだから、発奮《はっぷん》してもらわないといけませんな。

武田　はい！　分かりました。

大川隆法　これを観《み》たら、発奮してくださせい。それから、幸福実現党員の方も発奮してください。お願いします（手を一回叩く）。

武田　はい。本日は、まことにありがとうございました。

あとがき

もういいかげんに気づいてはどうか。

もう潔《いさぎよ》く認めてはどうか。

この国には、今、大救世主《だいきゅうせいしゅ》が降臨《こうりん》しているのだ。

目に鱗《うろこ》がかかった連中に、この国と世界の梶《かじ》取りをいつまで任《まか》せておくのか。

この国の運命を逆転させるべき時は今だ。今、起《た》たねば、この国に宿《やど》りたる「世界精神」はその使命を果たすことができない。

弱さに打ち克《か》て。強くあれ。勇気を持て。

これは天命《てんめい》なのだから、戦い抜くのだ。

二〇一九年　八月二日

幸福《こうふく》の科学《かがく》グループ創始者兼総裁《そうししゃけんそうさい》
幸福実現党創立者兼総裁《こうふくじつげんとうそうりつしゃけんそうさい》

大川隆法《おおかわりゅうほう》

『源頼朝はなぜ運命を逆転できたのか』関連書籍

『リーダー国家 日本の針路』(大川隆法 著 幸福の科学出版刊)
『日本の使命』(同右)
『自由・民主・信仰の世界』(同右)
『幸福実現党宣言』(同右)
『君たちの民主主義は間違っていないか。』(大川隆法・釈量子 共著 同右)
『夢は尽きない』(同右)
『竹村健一の霊言 大逆転の時代 次の30年を語る』(大川隆法 著 同右)
『「日露平和条約」を決断せよ』(同右)
『一喝! 吉田松陰の霊言』(同右)
『北条政子の幸福論』(同右)

『わかりやすく読む「留魂録」』（大川咲也加 著　同右）

源頼朝《みなもとのよりとも》はなぜ運命《うんめい》を逆転《ぎゃくてん》できたのか
――令和日本に必要な「武士《もののふ》の精神」――

2019年8月9日　初版第1刷

著　者　　大《おお》　川《かわ》　隆《りゅう》　法《ほう》

発行所　　幸福の科学出版株式会社
〒107-0052 東京都港区赤坂2丁目10番14号
TEL(03)5573-7700
https://www.irhpress.co.jp/

印刷・製本　株式会社 堀内印刷所

落丁・乱丁本はおとりかえいたします

ISBN978-4-8233-0100-1 C0030
帯 AFP＝時事，SPUTNIK 時事通信フォト
装丁・写真（上記・パブリックドメインを除く）© 幸福の科学

最新刊

「月刊 WiLL」立林編集長リーディング

大川隆法 著

参院選前後に宏洋氏による虚偽の中傷記事を掲載した「月刊WiLL」。掲載の狙い、読者任せの事実認定、失われた保守系雑誌の気概、その実態を糺す。

1,400円

竹村健一の霊言 大逆転の時代 次の 30 年を語る

大川隆法 著

死後4日、人気評論家の竹村健一氏が世相を斬る！　中国バブルの崩壊や中東問題、トランプの本質、メディアの未来などを解説し、常識の大逆転を大胆予測。

1,400円

娘から見た大川隆法

大川咲也加 著

幼いころの思い出、家族思いの父としての顔、大病からの復活、そして不惜身命の姿──。実の娘が28年間のエピソードと共に綴る、大川総裁の素顔。

1,400円

直撃インタビュー 大川隆法総裁、宏洋問題に答える

幸福の科学総合本部 編

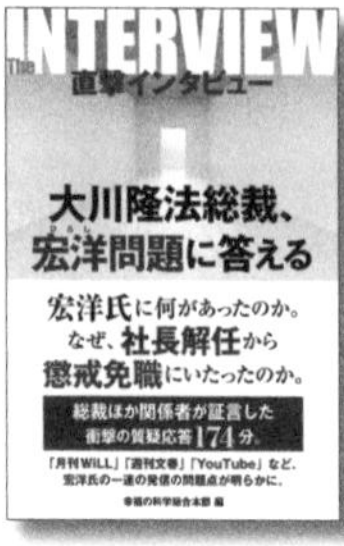

「月刊 WiLL」「週刊文春」「YouTube」──。宏洋氏の虚偽の発信に対して、大川総裁ほか関係者が真相を語った、衝撃の質疑応答 174 分。

1,500円

※表示価格は本体価格（税別）です。

大川隆法ベストセラーズ・世界正義と日本の使命

自由・民主・信仰の世界

日本と世界の未来ビジョン

国民が幸福であり続けるために──。未来を拓くための視点から、日米台の関係強化や北朝鮮問題、日露平和条約などについて、正論を説いた啓蒙の一冊!

1,500円

愛は憎しみを超えて

中国を民主化させる日本と台湾の使命

中国に台湾の民主主義を広げよ──。この「中台問題」の正論が、第三次世界大戦の勃発をくい止める。台湾と名古屋での講演を収録した著者渾身の一冊。

1,500円

リーダー国家 日本の針路

緊迫する中東情勢をどう見るか。世界教師が示す、日本の針路と世界正義。イランのハメネイ師とイスラエルのネタニヤフ首相の守護霊霊言を同時収録。

1,500円

日本の使命

「正義」を世界に発信できる国家へ

哲学なき安倍外交の限界と、東洋の盟主・日本の使命を語る。香港民主活動家アグネス・チョウ、イランのハメネイ師&ロウハニ大統領 守護霊霊言を同時収録。

1,500円

幸福の科学出版

大川隆法 霊言シリーズ・世界情勢を読む

「日露平和条約」を決断せよ

メドベージェフ首相 & プーチン大統領 守護霊メッセージ

「北朝鮮・中国の核兵器を無力化できる」。ロシアの2トップが、失敗続きの安倍外交に最終提案。終結していない戦後の日露、今がラストチャンス！

1,400 円

守護霊インタビュー トランプ大統領の決意

英語霊言 日本語訳付き

北朝鮮問題の結末とその先のシナリオ

“宥和《ゆうわ》ムード” で終わった南北会談。トランプ大統領は米朝会談を控え、いかなるビジョンを描くのか。今後の対北朝鮮戦略のトップシークレットに迫る。

1,400 円

習近平守護霊 ウイグル弾圧を語る

ウイグル “強制収容所” の実態、チャイナ・マネーによる世界支配戦略、宇宙進出の野望──。暴走する独裁国家の狙いを読み、人権と信仰を守るための一書。

1,400 円

毛沢東の霊言

中国覇権主義、暗黒の原点を探る

言論統制、覇権拡大、人民虐殺──、中国共産主義の根幹に隠された恐るべき真実とは。中国建国の父・毛沢東の虚像を打ち砕く必読の一書。

1,400 円

※表示価格は本体価格（税別）です。

大川隆法 霊言シリーズ・武士道精神を復活させよ

一喝! 吉田松陰の霊言

21世紀の志士たちへ

明治維新の原動力となった情熱、気迫、激誠の姿がここに！　指導者の心構えを説くとともに、本物の革命家とは何かが示される。

1,200 円

坂本龍馬 天下を斬る!

日本を救う維新の気概

日本国憲法は「廃憲」し、新しく「創憲」せよ！　混迷する政局からマスコミの問題点まで、再び降臨した坂本龍馬が、現代日本を一刀両断する。【幸福実現党刊】

1,400 円

政治家の正義と徳
西郷隆盛の霊言

維新三傑の一人・西郷隆盛が、「財政赤字」や「政治不信」、「見世物の民主主義」を一喝する。信義と正義を貫く政治を示した、日本人必読の一冊。

1,400 円

北条政子の幸福論
―嫉妬・愛・女性の帝王学―

現代女性にとっての幸せのカタチとは何か。夫である頼朝を将軍に出世させ、自らも政治を取り仕切った北条政子が、成功を目指す女性の「幸福への道」を語る。

1,500 円

大川隆法「法シリーズ」

青銅の法

法シリーズ
第25作

人類のルーツに目覚め、愛に生きる

限りある人生のなかで、
永遠の真理をつかむ──。
地球の起源と未来、宇宙の神秘、
そして「愛」の持つ力を明かした、
待望の法シリーズ最新刊。

2,000円

第１章　情熱の高め方
──無私のリーダーシップを目指す生き方

第２章　自己犠牲の精神
──世のため人のために尽くす生き方

第３章　青銅の扉
──現代の国際社会で求められる信仰者の生き方

第４章　宇宙時代の幕開け
──自由、民主、信仰を広げるミッションに生きる

第５章　愛を広げる力
──あなたを突き動かす「神の愛」のエネルギー

ワールド・ティーチャーが贈る「不滅の真理」

「仏法真理の全体像」と「新時代の価値観」を示す法シリーズ！
全国書店にて好評発売中！

幸福の科学出版

出会えたひと、すべてが宝物。
限りある人生を、あなたはどう生きますか？
世代を超えた心のふれあいから、「生きるって何？」を描きだす。
ドキュメンタリー映画
光り合う生命《いのち》。
―心に寄り添う。2―
企画／大川隆法
メインテーマ「光り合う生命。」 挿入歌「青春の輝き」 作詞・作曲／大川隆法
出演／希島 凛　渡辺優凛　監督／奥津貴之　音楽／水澤有一　製作／ARI Production　配給／東京テアトル　©2019 ARI Production
8月30日(金)より全国で順次公開
31043-A

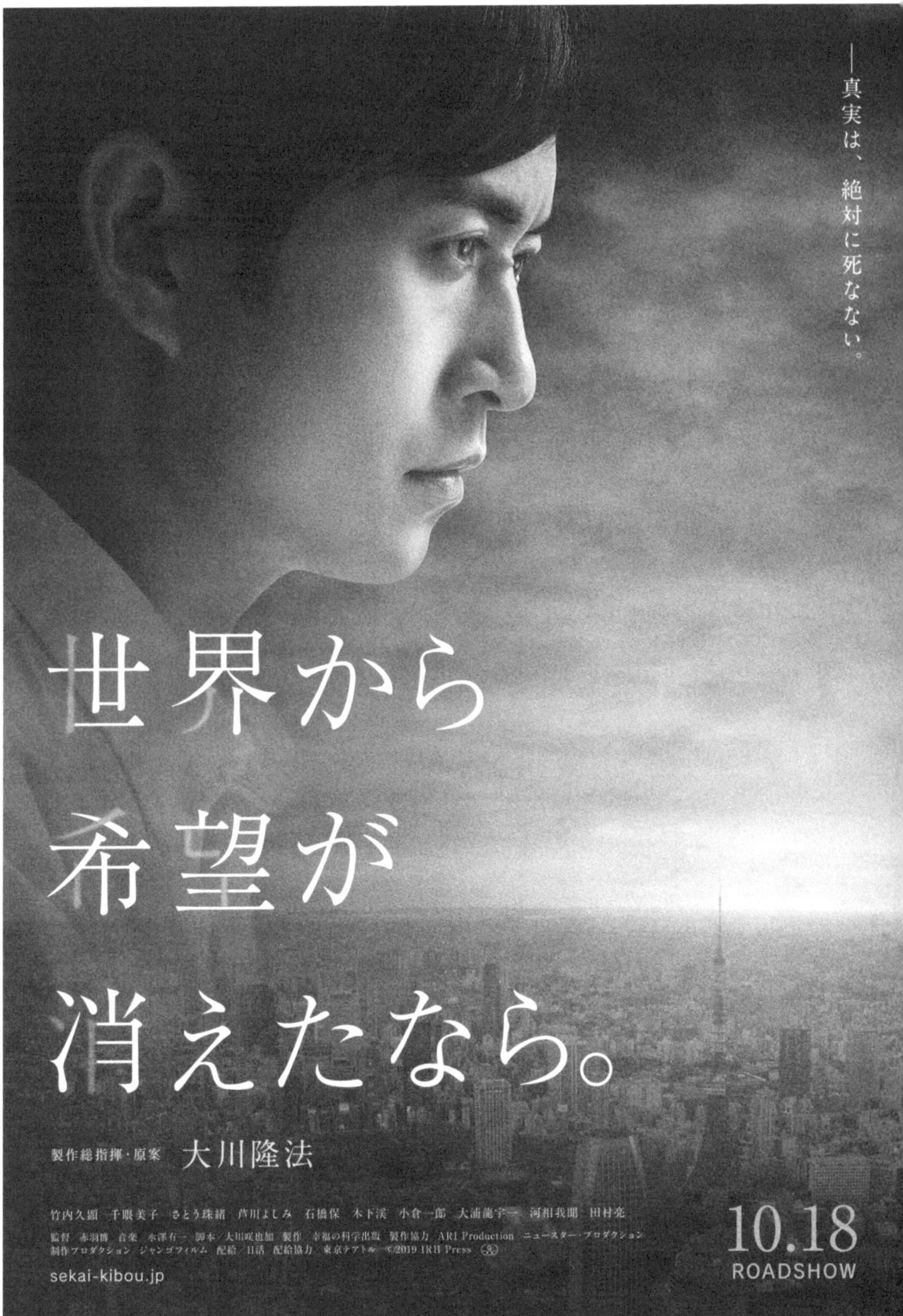

―真実は、絶対に死なない。
世界から希望が消えたなら。
製作総指揮・原案 大川隆法
竹内久顕 千眼美子 さとう珠緒 芦川よしみ 石橋保 木下渓 小倉一郎 大浦龍宇一 河相我聞 田村亮
監督 赤羽博 音楽 水澤有一 脚本 大川咲也加 製作 幸福の科学出版 製作協力 ARI Production ニュースター・プロダクション
制作プロダクション ジャンゴフィルム 配給 日活 配給協力 東京テアトル ©2019 IRH Press
sekai-kibou.jp
10.18
ROADSHOW

幸福の科学グループのご案内

宗教、教育、政治、出版などの活動を通じて、地球的ユートピアの実現を目指しています。

幸福の科学

一九八六年に立宗。信仰の対象は、地球系霊団の最高大霊、主エル・カンターレ。世界百カ国以上の国々に信者を持ち、全人類救済という尊い使命のもと、信者は、「愛」と「悟り」と「ユートピア建設」の教えの実践、伝道に励んでいます。

（二〇一九年八月現在）

愛

幸福の科学の「愛」とは、与える愛です。これは、仏教の慈悲《じひ》や布施《ふせ》の精神と同じことです。信者は、仏法真理をお伝えすることを通して、多くの方に幸福な人生を送っていただくための活動に励んでいます。

悟り

「悟り」とは、自らが仏の子であることを知るということです。教学《きょうがく》や精神統一によって心を磨き、智慧《ちえ》を得て悩みを解決すると共に、天使・菩薩《ぼさつ》の境地を目指し、より多くの人を救える力を身につけていきます。

ユートピア建設

私たち人間は、地上に理想世界を建設するという尊い使命を持って生まれてきています。社会の悪を押しとどめ、善を推し進めるために、信者はさまざまな活動に積極的に参加しています。

国内外の世界で貧困や災害、心の病で苦しんでいる人々に対しては、現地メンバーや支援団体と連携して、物心両面にわたり、あらゆる手段で手を差し伸べています。

年間約２万人の自殺者を減らすため、全国各地で街頭キャンペーンを展開しています。

公式サイト **www.withyou-hs.net**

ヘレン・ケラーを理想として活動する、ハンディキャップを持つ方とボランティアの会です。視聴覚障害者、肢体不自由な方々に仏法真理を学んでいただくための、さまざまなサポートをしています。

公式サイト **www.helen-hs.net**

入会のご案内

幸福の科学では、大川隆法総裁が説く仏法真理《ぶっぽうしんり》をもとに、「どうすれば幸福になれるのか、また、他の人を幸福にできるのか」を学び、実践しています。

入会

仏法真理を学んでみたい方へ

大川隆法総裁の教えを信じ、学ぼうとする方なら、どなたでも入会できます。入会された方には、『入会版「正心法語《しょうしんほうご》」』が授与されます。

ネット入会 入会ご希望の方はネットからも入会できます。
happy-science.jp/joinus

三帰《さんき》誓願《せいがん》

信仰をさらに深めたい方へ

仏弟子としてさらに信仰を深めたい方は、仏《ぶっ》・法《ぽう》・僧《そう》の三宝《さんぽう》への帰依を誓う「三帰誓願式」を受けることができます。三帰誓願者には、『仏説・正心法語』『祈願文《きがんもん》①』『祈願文②』『エル・カンターレへの祈り』が授与されます。

幸福の科学 サービスセンター
TEL 03-5793-1727 （受付時間／火～金：10～20時 土・日祝：10～18時（月曜を除く））

幸福の科学 公式サイト
happy-science.jp

ハッピー・サイエンス・ユニバーシティ

Happy Science University

ハッピー・サイエンス・ユニバーシティとは

ハッピー・サイエンス・ユニバーシティ(HSU)は、大川隆法総裁が設立された
「現代の松下村塾」であり、「日本発の本格私学」です。
建学の精神として「幸福の探究と新文明の創造」を掲げ、
チャレンジ精神にあふれ、新時代を切り拓く人材の輩出を目指します。

人間幸福学部　経営成功学部　未来産業学部

HSU長生キャンパス TEL **0475-32-7770**
〒299-4325　千葉県長生郡長生村一松丙 4427-1

未来創造学部

HSU未来創造・東京キャンパス
TEL **03-3699-7707**
〒136-0076　東京都江東区南砂2-6-5　公式サイト **happy-science.university**

学校法人 幸福の科学学園

学校法人 幸福の科学学園は、幸福の科学の教育理念のもとにつくられた教育機関です。人間にとって最も大切な宗教教育の導入を通じて精神性を高めながら、ユートピア建設に貢献する人材輩出を目指しています。

幸福の科学学園
中学校・高等学校(那須本校)
2010年4月開校・栃木県那須郡(男女共学・全寮制)
TEL **0287-75-7777** 公式サイト **happy-science.ac.jp**

関西中学校・高等学校(関西校)
2013年4月開校・滋賀県大津市(男女共学・寮及び通学)
TEL **077-573-7774** 公式サイト **kansai.happy-science.ac.jp**

仏法真理塾「サクセスNo.1」

全国に本校・拠点・支部校を展開する、幸福の科学による信仰教育の機関です。小学生・中学生・高校生を対象に、信仰教育・徳育にウエイトを置きつつ、将来、社会人として活躍するための学力養成にも力を注いでいます。

TEL 03-5750-0747（東京本校）

エンゼルプランV　TEL 03-5750-0757

幼少時からの心の教育を大切にして、信仰をベースにした幼児教育を行っています。

不登校児支援スクール「ネバー・マインド」　TEL 03-5750-1741

心の面からのアプローチを重視して、不登校の子供たちを支援しています。

ユー・アー・エンゼル！（あなたは天使！）運動

一般社団法人 ユー・アー・エンゼル　TEL 03-6426-7797

障害児の不安や悩みに取り組み、ご両親を励まし、勇気づける、
障害児支援のボランティア運動を展開しています。

NPO活動支援

学校からのいじめ追放を目指し、さまざまな社会提言をしています。また、各地でのシンポジウムや学校への啓発ポスター掲示等に取り組む一般財団法人「いじめから子供を守ろうネットワーク」を支援しています。

公式サイト mamoro.org　ブログ blog.mamoro.org

相談窓口 TEL.03-5544-8989

百歳まで生きる会

「百歳まで生きる会」は、生涯現役人生を掲げ、友達づくり、生きがいづくりをめざしている幸福の科学のシニア信者の集まりです。

シニア・プラン21

生涯反省で人生を再生・新生し、希望に満ちた生涯現役人生を生きる仏法真理道場です。定期的に開催される研修には、年齢を問わず、多くの方が参加しています。全世界200カ所（国内187カ所、海外13カ所）で開校中。

【東京校】TEL 03-6384-0778　FAX 03-6384-0779
メール senior-plan@kofuku-no-kagaku.or.jp

幸福実現党

内憂外患《ないゆうがいかん》の国難に立ち向かうべく、2009年5月に幸福実現党を立党しました。創立者である大川隆法党総裁の精神的指導のもと、宗教だけでは解決できない問題に取り組み、幸福を具体化するための力になっています。

幸福実現党 釈量子サイト **shaku-ryoko.net**

Twitter **釈量子@shakuryoko**で検索

党の機関紙
「幸福実現NEWS」

幸福実現党 党員募集中

あなたも幸福を実現する政治に参画しませんか。

○ 幸福実現党の理念と綱領、政策に賛同する18歳以上の方なら、どなたでも参加いただけます。

○党費:正党員（年額5千円［学生 年額2千円］)、特別党員（年額10万円以上)、家族党員（年額2千円）

○ 党員資格は党費を入金された日から1年間です。

○ 正党員、特別党員の皆様には機関紙「幸福実現NEWS(党員版)」(不定期発行）が送付されます。

＊申込書は、下記、幸福実現党公式サイトでダウンロードできます。

住所:〒107-0052 東京都港区赤坂2-10-8 6階 幸福実現党本部

TEL **03-6441-0754** FAX **03-6441-0764**

公式サイト **hr-party.jp**

大川隆法　講演会のご案内

大川隆法総裁の講演会が全国各地で開催されています。講演のなかでは、毎回、「世界教師」としての立場から、幸福な人生を生きるための心の教えをはじめ、世界各地で起きている宗教対立、紛争、国際政治や経済といった時事問題に対する指針など、日本と世界がさらなる繁栄の未来を実現するための道筋が示されています。

2019年5月14日 幕張メッセ「自由・民主・信仰の世界」

2019年3月3日 グランド ハイアット 台北（台湾）「愛は憎しみを超えて」

2019年7月5日 福岡国際センター「人生に自信を持て」

2018年10月7日 ザ・リッツカールトン ベルリン（ドイツ）「Love for the Future」

2019年7月13日 ホテル イースト21東京「幸福への論点」

講演会には、どなたでもご参加いただけます。最新の講演会の開催情報はこちらへ。⟹ 大川隆法総裁公式サイト https://ryuho-okawa.org